Promis...
Je ne craquerai pas !

Élise Roz

M.E.C Editions

8 grand rue, 34160 Saussines

EAN : 978-2-491329-19-8

Dépôt légal : Juin 2020

« Et puis, il y a ceux que l'on croise, que l'on connaît à peine, qui vous disent un mot, une phrase, vous accordent une minute, une demi-heure et changent le cours de votre vie. Vous n'attendiez rien d'eux, vous les connaissiez à peine, vous vous êtes rendu léger, légère, au rendez-vous et découvrez qu'ils ont ouvert une porte en vous, déclenché un parachute, initié ce merveilleux mouvement qu'est le désir, mouvement qui va vous emporter bien au-delà de vous-même et vous étonner. »

Victor Hugo

1 - Charlotte

28 juillet 2018

Comme chaque année, le grand jour est arrivé. La valise est bouclée : crème solaire, maillot de bain, jupes et autres robes. Le coffre est plein, l'appareil photo chargé, bref, je suis prête pour MES vacances ! À moi la piscine, la rivière, les vieilles pierres, le rosé en terrasse et… la solitude.

Après cinq ans d'une relation qui ne tenait plus debout depuis quelque temps, me voilà seule depuis six mois, mais tellement tranquille ! Oui, bien sûr, j'ai quelques histoires par-ci par-là, toutefois, rien qui ne me donne envie de partir à deux, rien de concret. Je suis célibataire et contente de l'être ! *Ouais, bien sûr ! Et la marmotte…* À trente ans se profile donc ma nouvelle vie. Moi qui pensais être mariée, maman à cet âge-là, eh bien, pari raté. Au lieu de cela, je regarde mes amies vivre leur vie d'épouse et de poule pondeuse pendant que la mienne se résume à métro-boulot-dodo. Non, non, je vous vois venir, cette situation me convient par-fai-tement ! Mon boulot d'instit me comble, mes nuits en mode « étoile de mer » dans mon grand lit également. OK, je ne serais pas contre un grand mâle viril pour me réchauffer de toutes les manières possibles, mais des hommes, j'en ai connu et pas des meilleurs, si vous voyez ce que je veux dire… Donc, pour le moment, je vis pour moi, et moi seule, plus question de me laisser embobiner par la gent masculine.

Alors malgré les propositions de mes amies et mes hésitations, c'est décidé, cet été, c'est vacances en solo. Au moins, j'évite les engueulades pour la destination, les visites ou les achats, je serai mon propre guide et saurai en profiter pour aller là où le vent me mènera.

La seule certitude de ce séjour, mon lieu de résidence.

Une petite bicoque perdue dans la forêt périgourdine, près d'une rivière et avec piscine collective. Cet endroit m'a séduite, car il me permet de m'isoler un peu tout en gardant un minimum de vie sociale grâce à mes « collègues » touristes de cette folle semaine.

Ainsi, me voilà au volant de ma Mini, prête à en découdre avec mon GPS et surtout désireuse de savourer ces quelques jours face à moi-même, lorsque mon téléphone vibre sur le siège passager. Flora, mon amie et seconde maman tient sûrement à me passer ses dernières recommandations...

— Salut, ma dinde, c'est Flo, alors tout est OK ? T'es sûre de ce que tu fais ? Tu parles que tu vas te faire chier toute seule au milieu des bois...

STOP ! Il faut que je la coupe sinon j'en ai pour des heures.

— Bon, Flo, tu te détends tout de suite, c'est moi qui pars, pas toi ! Donc oui, tout est OK, oui, je suis sûre de moi et, NON, je ne me ferai pas chier, je vais enfin savoir ce que c'est de vivre pour soi et ça n'a pas de prix.

— Mouais... si tu le dis. Dans le fond, je t'admire, Charlotte, partir comme ça, très peu pour moi. Mais qui sait, peut-être que tu trouveras un beau bad boy, comme dans nos bouquins, d'ailleurs t'as pensé à ta liseuse ? Non, parce que sin...

— Oh, mais t'as fini oui ? Y aura pas de beau mec, c'est un p'tit camping tranquillou, je serais très probablement entourée de familles avec leurs marmots. Et c'est toi qui parles de bad boy, après tout ce que tu m'en dis ? De toute façon, si j'en vois un, promis, je ne craquerai pas ! Si j'avais voulu trouver un plan cul, je serais partie au Club Med. Sur ce, ma poule, je te laisse, je suis déjà certaine de me taper les bouchons vu l'heure qu'il est.

— OK, bah, profite de ce que tu appelles « vivre pour soi » et si tu t'ennuies, tu pourras faire demi-tour et nous rejoindre en Bretagne.

Sacrée Flo, toujours la parole réconfortante.

— Oui, c'est ça, allez, bisous, Flo, et à très vite.

Enfin « très vite », à ce rythme je ne suis pas encore partie... 8 h 25 s'affiche sur le tableau de bord, pour une arrivée prévue 5 h 40 plus tard, sans compter embouteillages et arrêts pipi/café/pipi, cette fois-ci j'y vais, c'est maintenant ou jamais.

Comme je l'avais imaginé, les 5 h 40 se sont rallongées, vous pouvez donc en ajouter quasiment deux !

Un vrai périple durant lequel j'ai failli faire marche arrière au moins cinq fois, mais chut, on ne dira rien aux copines. Toutes les questions auxquelles je n'avais pas pensé en préparant ce séjour me sont tombées dessus pendant ce long, très long trajet, et croyez-moi, j'ai de l'imagination... Allant de l'arnaque à la location, à la présence d'un psychopathe, en passant par les enfants qui me collent au train, car sur mon front est inscrit « instit trop cool ». Bref, je pense avoir eu assez de temps afin d'échafauder tous les plans possibles pour échapper à ces situations grotesques, mais néanmoins plausibles, vu ma chance légendaire.

Revenons à mon arrivée, 15 h 50 précisément, en ce sacro-saint lieu de vacances. Oh joie et bonheur, le camping existe bel et bien, aménagé avec goût et proposant autant d'emplacements que de chalets, c'est-à-dire très peu, mais c'était le but. Hors de question de passer ma semaine dans une de ces usines à vacanciers. Ma priorité c'est la tranquillité ! Donc premier challenge relevé, l'endroit est tel qu'il m'a été vendu et ça, j'adore !

En revanche, absence totale d'accueil, et là je flippe un peu. Est-ce que je suis si en retard que cela ou en avance ? Où sont passés les proprios ? Merde, je n'ai qu'une envie, trouver mon petit chez-moi et prendre une douche suivie d'un plongeon dans cette.... euh, mais attendez, où est LA piscine ? Profitant de ma solitude, qui décidément devient habituelle, je fais un tour d'horizon, pas âme qui vive, mais la fameuse piscine est bien là, OUF ! Plus qu'à trouver ENFIN quelqu'un pour me guider.

Après dix minutes d'attente, un petit monsieur d'une cinquantaine d'années vient à ma rencontre, dans cette voiturette digne de tout camping qui se respecte, et me conduit tout droit vers mon paradis ! Un brin de causette et une visite plus tard, je suis là, au milieu de cette pièce centrale, et suis prise d'une envie soudaine de pleurer toutes les larmes de mon corps. Comment en suis-je arrivée là ? Pourquoi n'ai-je pas trouvé chaussure à mon pied à trente ans bien tassés ? Dois-je abandonner mes désirs de vie de famille ?

Si je rentre, je passe pour une poule mouillée, je n'ai donc plus d'autre choix que de m'essuyer les yeux – le nez par la même occas' –, et tenter de faire en sorte que les jours à venir deviennent des souvenirs mémorables.

Ni une ni deux, je refais le tour du propriétaire. En entrant sur la gauche se trouve une chambre équipée d'un grand lit et d'une armoire, la porte d'entrée s'ouvrant directement sur une pièce qui fait office de salon, cuisine, salle à manger.

Au bout de cet espace, un couloir distribue une seconde chambre dotée de deux petits lits, les toilettes et une salle de bain de taille tout à fait respectable. Tout ça pour moi, seule... Le bruit émis par mon portable me tire de ma rêverie. C'est Adeline. À croire qu'elles se sont passé le mot avec Flora pour épier mes moindres faits et gestes. Mais ne leur dites rien, c'est quand même bien agréable de savoir que mes deux amies se soucient un peu de moi.

Je lui réponds à la quatrième sonnerie :

— Oui Adeline, comment vas-tu ?

— Bah, c'est plutôt à toi qu'il faut demander ça ! T'aurais pu appeler pour dire que tu étais bien arrivée quand même ! râle-t-elle

— Mais rassure-toi, j'allais le faire, si tu m'en avais laissé le temps. J'arrive juste, un monde de dingue sur les routes, mais ça y est, me voilà à bon port, je m'apprêtais à vider la voiture.

— Alors, t'es contente, c'est comme tu imaginais ?

— Mieux encore, c'est très typique sans être tape-à-l'œil. Je pense ne pas me tromper en disant que je vais vraiment y trouver ce que j'espérais, la rassuré-je.

— Ah, y a du joli p'tit cul ? plaisante-t-elle.

— Mais non, morue, ce que j'attends de ce voyage c'est DU CALME !! Et toi, comment tu t'en sors ?

— Je navigue entre les enfants et les bagages en attendant que Mathieu termine sa journée. On prend la route demain matin, j'ai hâte !! D'ailleurs, je te laisse, Charlotte, les morfales réclament leur goûter, bises. Profite bien, vieux cul.

Rassurez-vous, mon cul va très bien, mais que voulez-vous, « qui aime bien châtie bien », d'ailleurs... je m'empresse de lui répondre :

— Merci, toi aussi, vieux poulpe, bises.

Cette conversation tout en poésie m'ayant remis les idées au clair, je m'active au rangement de mes affaires, puis passe à la salle de bain avant exploration du camping.

À 16 h 45, propre, épilée et à mon avantage (ou presque) équipée de mon maillot de bain sous mon paréo, j'arpente le petit chemin gravillonné qui me conduit tout droit vers le bonheur, l'espace aquatique !

Mon regard se promenant çà et là, je découvre avec enthousiasme mon lieu de résidence.

Au total, quinze chalets individuels occupent le domaine, séparés les uns des autres par des haies fleuries, chacun accédant aux allées desservant les divers services proposés (piscine, snack, jeux...), les emplacements de caravaning, eux, se trouvant sur une autre parcelle. En passant devant l'accueil, proche de mon objectif, je constate que plusieurs vacanciers attendent, comme moi tout à l'heure, l'arrivée du propriétaire des lieux. Comme je l'avais prédit, une majorité de familles ou de couples d'un âge avancé. Qui est la seule pomme à venir ici toute seule ? Je vous le donne en mille, cette brave Charlotte !

En m'approchant davantage, je plisse les yeux, le cœur battant, il me voit comme je le vois, me sourit comme je lui souris en bafouillant un « bonjour » d'une voix que je ne me connaissais pas. Je me surprends à me redresser un peu plus, à sourire de toutes mes dents, jusqu'à ce que je la voie, Elle, celle qui l'accompagne un enfant posé sur la hanche. Une belle brune longiligne, de ces beautés froides qui n'ont pas besoin de se cacher derrière un maquillage trop élaboré, mais qui semblent inaccessibles. Me secouant la tête, je passe mon chemin et file directement au petit portillon donnant sur la piscine. Je ne vais pas rester là, à les regarder en risquant de me remettre à chialer comme une môme. À croire que le destin se moque de moi en me plaçant sous le nez ce que je n'ai pas. Foutu karma !

2 - Grégoire

— Papa, j'ai envie de faire pipi !! se plaint Hugo dont la vessie n'a pour contenance qu'un verre d'eau…

— Maman y est, rejoins-la, les toilettes sont juste là, tu vois, expliqué-je en lui indiquant les sanitaires. Je reste près de la voiture puisque ta sœur est à l'intérieur en attendant le monsieur qui doit nous montrer notre maison.

À quoi je pensais en venant ici ? Les enfants vont se mettre des idées en tête, Nathalie aussi, décidément je fais connerie sur connerie depuis plusieurs mois. D'abord ce déménagement, puis ce nouveau boulot… À trente-deux ans, j'aspire à autre chose qu'à changer de vie tous les ans. Au début de notre relation, nous nous étions pourtant mis d'accord. Son emploi la contraignant à la mobilité, je m'étais engagé à la suivre afin que notre vie de couple ne souffre pas de la distance. Puis, les enfants sont arrivés, chacun nous surprenant dans notre quotidien. Il était préférable pour eux que notre famille reste unie, même si cela en passait forcément par les désagréments (changement de nourrice, d'école…) de chacune des mutations de leur maman.

Aujourd'hui, tout ce cirque me met les nerfs à rude épreuve, et ma seule envie est d'être partout, sauf ici, avec elle. Quand j'y pense, c'est dégueulasse de se dire ça, alors que je les ai eux, mes loulous, Hugo, quatre ans, et Lola, sept ans, qui comptent bien passer du bon temps avec un papa souriant et enjoué. Ouais… enjoué…

Comment l'être après des heures en voiture sous une chaleur étouffante, avec en guise de radio « papa, c'est quand qu'on arrive ? » et une femme silencieuse, mais pleine d'espoir à mes côtés. Et tous ces locataires qui ont décidé d'arriver en même temps que nous, pff, quelle galère !

Un rapide coup d'œil alentour me permet de découvrir la piscine, ainsi qu'une probable voisine, là, qui débarque le paréo au vent tel un ange. Quoique, vu le sourire qu'elle me lance, « ange » n'est peut-être pas le bon terme. Malgré l'assurance qu'elle tente de se donner, elle m'a l'air un peu larguée, je ne sais pas si elle a vu que ses tongs n'étaient pas coordonnées. En réprimant un fou rire, mon sourire s'agrandit autant que le sien, et bon sang, même si elle est à côté de la plaque, elle est vraiment jolie.

C'est à ce moment que Nathalie et Hugo me rejoignent à la porte de l'accueil, mettant un terme à ma contemplation et faisant filer à toute allure ce petit bout de femme si agréable à regarder. Dommage...

— C'est quoi cet air de chien battu ? me demande Nathalie.

— Rien, rien, j'ai seulement hâte qu'on s'installe et qu'on puisse piquer une tête, tenté-je de la rassurer.

— Ouais, piquer une tête, tu m'en diras tant..., dit-elle en jetant un regard noir à la jeune femme qui se dirige vers le complexe aquatique.

Visiblement, je suis grillé !

Sauvé par le gong, ou plutôt, par le gérant. Je ne réponds pas à sa réplique et file au-devant de celui qui me tire de ce mauvais pas.

Après avoir vidé le coffre, fait goûter les enfants et repéré un peu les lieux, j'enfile mon maillot, puis équipe les loulous avant de nous rendre à la piscine. Nathalie, qui a surpris mon regard tout à l'heure, ne souhaite pas nous accompagner. Même si je la soupçonne de vouloir que je la supplie, je ne lui offrirai pas ce plaisir, j'ai assez donné ! Espérons qu'elle se saisisse de ce moment de solitude pour réfléchir aux raisons de notre venue ici.

Hugo et Lola sont ravis de passer ce moment avec moi pour démarrer le séjour, moi aussi, d'ailleurs. Mais je suis surtout curieux de savoir si la jeune femme croisée plus tôt sera encore là, sur un transat ou à jouer la naïade. Si on me donnait le choix, j'opterais pour le transat, je l'aimerais bien sur le dos, histoire de confirmer l'idée que je me fais de sa silhouette. Je m'égare, que voulez-vous, je suis un grand rêveur, un brin amateur de fantasmes, et mon esprit embrumé du jour m'y entraîne malgré moi. Osez dire que vous ne fantasmez jamais ? Eh oui, messieurs, dames, l'imaginaire n'a que du bon, et à cet instant précis il me redonne un peu le sourire que j'avais perdu ces derniers mois, alors ne me gâchez pas ce plaisir en m'inondant de jugements !

Bingo, elle est encore présente, dans l'eau – tant pis – mais toujours là. Je tente un sourire discret, sans succès. Bon, peut-être qu'elle ne m'a pas vu. Cela dit, pas le temps de tergiverser, les enfants ont déjà les pieds sur les marches et n'attendent que moi pour se jeter à l'eau. Petit à petit, le bassin se remplit, nos voisins doivent tous avoir pris le temps de déballer leurs affaires avant de rejoindre la piscine. Tous les petits monstres occupent à présent l'espace, privant la jolie naïade de l'étendue dont elle jouissait avant cette invasion et la forçant à sortir du bassin. La curiosité est un vilain défaut, et le ballon qui m'arrive en plein visage me rappelle à l'ordre et à mon devoir : les enfants. J'ai tout juste pu l'apercevoir se diriger vers son sac dont elle se saisit avant de quitter les lieux. Dommage…

J'avise Nathalie qui s'avance au loin. Vu sa mine et l'absence d'affaires de baignade, nous avons certainement pris trop de temps, enfin, selon elle… J'espère qu'elle ne va pas garder cette humeur toute la semaine sinon je prends mes cliques, mes claques, les gosses pour un retour illico presto en Vendée. À moins que mademoiselle tête en l'air ait de la place dans son chalet. *Euh, c'est vraiment moi qui ai pensé ça ?*

— Les enfants, Grégoire, le dîner est prêt ! nous crie-t-elle depuis les barrières de sécurité.

— T'aurais dû nous attendre, l'apéro va prendre le chaud, essayé-je pour l'amadouer.

— Ah non, ce soir, c'est au lit de bonne heure, après cette route je suis vannée et tu sais très bien que je ne veux pas que les enfants traînent trop tard, me coupe-t-elle dans mon élan.

Suis-je bête, rythme militaire, même pendant les vacances… pff.

— Très bien, fais ce que tu veux, et je ferai de même.

La soirée bat son plein dans tous les logements alentour, alors que moi, je suis désespérément seul sur ma terrasse. Nath et les enfants sont déjà couchés, à 21 h 30 franchement ça me les brise ! J'en profite malgré tout pour feuilleter les docs que les gérants du camping nous ont refilés, et ainsi préparer la journée de demain, en espérant que le sergent-chef ne nous a pas pondu un planning comme l'année dernière. Il faut bien se l'avouer, elle me fait chier pour que les repas et couchers des gosses soient quasi à heure fixe, mais dès qu'il s'agit de visiter ce qu'ELLE a envie de voir, le timing est bien différent. Pas étonnant qu'ils ne rechignent pas pour aller au lit le soir après une rando de trois heures et deux visites de monuments sous un soleil de plomb bien sûr, sinon ce n'est pas drôle !

Tiens, tiens, regardez qui voilà, ma jolie tête en l'air, toujours seule, mais avec deux tongs identiques cette fois. Je tente un « bonsoir » de ma voix la plus suave, auquel elle répond en rougissant. Elle est mignonne, ou alors elle vient de voir que je matais ses pieds. Quel con ! La discrétion n'est vraiment pas mon fort. Ça ne doit pas être son truc non plus, à voir comme elle roule des hanches, puis ralentit le pas. Putain, si elle continue, ma semaine pourrait bien s'avérer distrayante finalement. Je me demande vraiment ce qu'elle fait là toute seule, si quelqu'un va venir la rejoindre ou si elle cache une famille dans sa maisonnette. Non, ça, je n'y crois pas. En attendant, elle me retourne la tête rien qu'en passant devant moi, et il y a longtemps que ça ne m'était pas arrivé. Bon, on creusera le sujet demain. À mon tour de retrouver mon lit, enfin, le clic-clac du salon.

Un passage dans la chambre d'Hugo et Lola m'apprend qu'ils dorment bien profondément, j'en profite alors pour savourer ma seconde douche de la soirée – froide après le petit spectacle de ma chère voisine – avant d'investir mon lit sommaire. Nathalie a pourtant lourdement insisté avec ses « oh, c'est bon, on a dormi ensemble pendant tant d'années, 8 nuits de plus ou de moins ne changeront rien », si, justement, ce serait les huit de trop. À quoi bon ? L'affaire est classée depuis déjà plusieurs semaines.

En décembre dernier, Nath a goûté à l'adultère, et ça, j'ai eu beau tenter de passer outre en acceptant sa demande de mutation pour repartir du bon pied, pas moyen. À notre arrivée en Vendée, un mois après son infidélité, faisant le constat de la distance que la situation avait instaurée entre nous, il fallait se rendre à l'évidence, mes sentiments s'étaient essoufflés. Je vous promets, j'ai essayé, elle aussi d'ailleurs a mis toutes les chances de son côté pour que je lui pardonne et que notre amour soit sauf, mais force est de constater que plus elle y mettait du sien, plus je m'éloignais. Certes, ce énième déménagement lui permettait de ne plus avoir son collègue tentateur sur le dos, mais, qui pouvait me promettre que cela ne se produirait plus ? Personne. Le plus triste, c'est surtout que je n'attendais plus qu'une chose, qu'elle réitère ce qu'elle appelait naïvement un « craquage », pour pouvoir la quitter.

Un soir d'avril, j'ai donc demandé à notre voisine de garder les enfants le temps d'un resto, j'ai posé mes couilles sur la table – au sens figuré évidemment – en annonçant à Nath qu'il valait mieux arrêter les frais. Cela ne s'est pas fait sans larmes, cris et reproches, mais tout était dit, restait à savoir comment procéder à l'avenir sachant ce que son travail lui imposait jusqu'ici.

Elle a conservé notre logement, j'en ai pris un pour moi, mais question organisation, c'est encore chaotique.

C'est comme ça que je me retrouve ici, avec mon ex et nos enfants, afin de passer nos dernières vacances en famille et régler dans un lieu neutre toutes les décisions qui doivent être prises. Cela dit, pour moi tout est clair, après neuf ans à suivre Nathalie dans ses déplacements, il ne me semble pas abusif de poser mon veto. C'est à elle aujourd'hui de trouver une solution, ou faire des concessions, car je suis bien décidé à ne plus bouger.

3 - Charlotte

Mais quelle gourde !! Il n'y a qu'à moi que ça arrive ce genre de connerie, c'est pourtant pas compliqué de prendre une paire de chaussures ! Ce qui me rassure, c'est que personne n'a eu l'air de s'en rendre compte et que mon moment à la piscine m'a permis de me rafraîchir les idées. Parce qu'il faut bien le dire, entre mon coup de blues en arrivant dans mon chalet et mon coup de chaud en croisant ce père de famille, il était nécessaire que je me ressaisisse.

Quand même, il est pas mal ce « papa », dommage qu'il y ait une « maman »... Grrr ! Non, non et non, fini les plans à la con, il faut que je me concentre sur ma p'tite personne. Mais, faut bien l'avouer, il a réussi à me faire rougir quand je suis passée devant sa terrasse tout à l'heure, il a ce je-ne-sais-quoi dans le regard, et cette voix... pff, un appel à la luxure, sa femme ne doit pas s'ennuyer. D'ailleurs, il est gonflé de me lancer ce « bonsoir » langoureux alors qu'il est en couple, encore un séducteur qui ne pense qu'avec sa queue ! STOOOOOP !

Je crois qu'il vaut mieux m'en tenir éloignée, je ne voudrais pas passer pour l'allumeuse de service, et puis, très peu pour moi les hommes mariés ! Quoi qu'avec ces yeux-là, il pourrait... *Oh putain, qu'est-ce qu'il m'arrive ?* À croire que je n'ai pas connu assez de connards dans ma vie pour m'en rajouter avec un « papa sexy », ou que j'ai une dalle d'enfer ! Je me fais peur toute seule !

En revanche, je pourrais m'amuser un peu, en lui faisant du gringue discret, au moins sa femme ouvrirait peut-être les yeux sur la nature de son cher époux, puisqu'apparemment il ne résiste pas à mon déhanché sans esquisser un sourire à faire tomber les petites culottes. Ce serait ma bonne action de l'été, non ?

Ouais, Charlotte, file te coucher, tu commences vraiment à divaguer !

Un peu perdue au réveil malgré une bonne nuit, je me sens encore groggy par mes pensées de la veille et surtout par ce que cet homme, en deux regards, a pu déclencher chez moi.

Bref, aujourd'hui, mon programme est tout autre, je pars à la conquête de Beynac, un des plus beaux villages de France dont le château surplombe la Dordogne.

Après un passage par la salle de bain, j'enfile mes chaussures – sans me tromper, quel progrès ! – et prends la direction de l'accueil pour profiter d'un petit-déj' en terrasse.

Il est à peine 8 h 30, mais déjà le camping est éveillé et bon nombre de marmots vont et viennent entre leur location et l'espace de jeux, dans un calme relatif, mais bon enfant. Un élan de mélancolie me surprend, avec des « si » ça aurait pu être les miens, là à courir en cherchant des copains, ou en criant des « maman, regarde, y a même des poneys ». Quel gâchis !!

Pourquoi avoir mis tant d'années à réaliser que Bastien ne m'apporterait pas ce que j'espérais ? Plus jamais on ne m'y prendra à perdre un temps pareil avec un mec qui n'aspire pas à la même vie que moi !

On n'était pourtant pas si mal ensemble. Mon métier me permettait de voyager avec lui à travers le monde pendant mes congés d'été, grâce à ses jobs saisonniers, et de mener un quotidien plus classique le reste de l'année. Enfin, jusqu'à ce que Monsieur décide que les saisons hivernales seraient sympas aussi, et que forcément, avoir des enfants serait « un frein », avait-il dit, à son besoin d'évasion. Non, mais quel enfoiré !! Avec du recul, je suis persuadée que dès le début de notre relation il savait ne pas vouloir m'offrir cette famille que je souhaite tant. Il a fallu qu'il attende cinq ans pour me le lancer en pleine gueule entre le fromage et le dessert ! Alors, je n'ai pas réfléchi longtemps, j'ai viré ses affaires par la fenêtre, et ciao bye Monsieur Égoïste. Depuis ce fameux soir, Bastien est aux abonnés absents et ça me va très bien !

Je m'installe à une table avec mon café et mon croissant, en prenant le temps de regarder mes mails et différentes notifications sur les réseaux. Rien de spécial, si ce n'est une publication d'Adeline qui m'apprend qu'elle et sa petite tribu sont bien arrivées sur leur lieu de vacances. Il faudrait que je pense à lui mettre dans les dents qu'un petit SMS m'aurait fait plaisir, vu sa pseudo gueulante d'hier. En pivotant, j'aperçois « papa sexy » venu chercher son pain, et waouh, même après un sommeil salvateur et un petit-déj' apaisant, il parvient à me retourner le cerveau.

Et bien sûr, il faut qu'il s'avance vers moi…

— Bonjour, me salue-t-il.

— Bonjour.

Très originale comme réplique, Charlotte !

— Je me permets de vous interrompre, j'ai trouvé ceci près de l'entrée, je me demandais si c'était à vous ? me questionne-t-il en me tendant un foulard.

— Euh, eh bien, je dois dire qu'il est très joli, mais non, il n'est pas à moi.

— Bon, je vais le laisser à l'accueil dans ce cas, passez une belle journée.

— Merci, vous aussi, lui dis-je ne trouvant rien de mieux à lui répondre.

— Au fait, jolies chaussures, me lance-t-il avec un sourire charmant, mais tellement moqueur.

Putain, le con ! Moi qui pensais être passée inaperçue avec mon style *Punky Bruster*[1] d'hier, raté ! Il fallait que ce soit lui qui le remarque. Il vient de me couper la chique, et s'en va sans demander son reste, me laissant là, rouge pivoine et agacée de le trouver craquant même quand il se fout de moi. En le suivant du regard, mes yeux tombent sur ceux de sa femme, et croyez-moi, s'ils pouvaient m'anéantir sur-le-champ, ils le feraient. *Calme-toi, cocotte, c'est ton mari qui m'accoste, et non l'inverse*. Finalement, je ne vais peut-être pas avoir à faire grand-chose pour qu'elle se rende compte qu'elle vit avec un trou de cul d'homme à femmes, à moins qu'elle ne le sache déjà.

Ils m'ont pourri ce début de journée avec tout ça. Je préfère quitter ma table, au moins j'arriverai de bonne heure à Beynac et éviterai le ballet des voitures sur les parkings.

En me rendant à mon chalet, afin de prendre le nécessaire pour ma visite – et ma Mini par la même occasion – je surprends un échange houleux. Certes, les personnes sont assez discrètes, mais j'entends tout de même le contenu de leur discorde.

— C'est ça que tu appelles aller chercher le pain ? Tu parles, tu l'as vue passer devant chez nous et t'as pas pu t'empêcher d'aller la voir, reproche une femme d'un ton acerbe.

---

[1] *Punky Bruster*, série des années 80 dans lequel la fillette portait toujours des chaussures, chaussettes dépareillées.

Je n'aimerais pas être à la place de celui ou celle qui prend la réflexion. Madame n'a pas l'air commode ! Je ne fais pas dans le commérage, cela dit, je ne peux m'empêcher d'attendre la réponse.

— Oui, c'est ça, et puis je l'ai chopée dans la buanderie tant qu'on y est, se défend une voix, CETTE voix qui me rend toute chose.

Toc, prends ça ! Il n'y va pas de main morte ! Je suis d'ailleurs surprise par sa répartie cinglante, et encore plus par l'effet qu'elle produit sur moi.

— Si c'est comme ça que tu imagines les vacances en famille, dis-le tout de suite, on gagnera du temps en rentrant à la maison, s'énerve sa femme.

Elle n'a pas tout à fait tort. Je n'apprécierais pas non plus que mon mec passe plus de temps avec les résidents du camping qu'avec moi. Pff, en même temps, notre discussion n'a pas duré plus d'une minute. Elle s'emballe un peu. À moins que monsieur soit du genre séducteur, ceci expliquerait donc cela... Tous les mêmes !

— Calme-toi un peu, j'ai juste trouvé un truc par terre et lui ai demandé si c'était à elle ; tu ne vas pas me faire une crise à chaque fois que je parle à quelqu'un ?

Ouh lala, ça chauffe chez papa et maman ! J'accélère le pas afin de ne pas être vue. Elle pousse un peu, après tout, il n'a rien fait de mal. OK, il m'a souri et regardée un peu, mais, pas de proposition indécente ni même de geste déplacé. Soit elle est extrêmement jalouse, soit il l'a déjà trompée. Bon, ce sont leurs problèmes, pas les miens.

Beynac n'a plus de secrets pour moi. Comme prévu, étant donné l'heure matinale à laquelle je suis arrivée, j'ai trouvé une place facilement et ai pu faire mon ascension jusqu'au cœur du village au frais. Vieilles pierres, rues pavées, vue sur la Dordogne imprenable et château en ruines ont comblé ma matinée. Je m'octroie un petit moment à la terrasse d'un resto, afin de siroter un rosé du coin en regardant les gabarres naviguer sur le fleuve. M'aérer a permis de faire un peu le vide autant que de relativiser mon célibat. Le coup de blues d'hier soir n'est plus qu'un mauvais souvenir.

En revanche, je n'arrive pas à oublier ce que cet homme, dont je ne sais rien, me fait ressentir simplement avec sa voix ou son regard. Ça a le don de m'agacer, je dois bien le reconnaître.

Bois ton rosé, Charlotte, et passe à autre chose !

Le bip de mon téléphone m'indique un nouveau message. Tiens, Adeline !

> Coucou, on est bien arrivés, j'espère que tu profites bien de ton côté et si toutefois tu croises un beau mâle, profites-en aussi ;-) <

Forcément, il fallait bien qu'elle me le glisse. Je m'empresse de lui répondre :

> > Ah, quand même, tu me donnes de tes nouvelles !!! Pour ma part, tout va bien, verre en terrasse sous un soleil de plomb. Je m'éclate, SANS BEAU MÂLE !! <

Le bip ne tarde pas à se faire entendre, Adeline renchérit :

> Excuse-moi, entre les enfants et l'arrivée dans un taudis qu'il a fallu nettoyer avant de poser nos valises, je n'ai pas eu le temps de t'appeler. Et tu sais, les règles qu'on s'impose sont faites pour être transgressées, à bon entendeur... Bisous <

Que dire à ça ?... Elle ne veut pas admettre que je suis là pour moi, me retrouver, me réconcilier avec mes erreurs et me laisser le temps avant de trouver celui qui me donnera envie de revenir ici à deux. Je comprends qu'elle s'inquiète de me voir seule, mais merde, ce n'est pas la fin du monde ! Je clos donc cette conversation :

> > Ouais, mais là, je ne craquerai pas, bisous <

J'aurais mieux fait de m'abstenir puisqu'elle complète par :

> Ah, il y aurait donc matière à craquage ?... Suite au prochain épisode alors, mdr ;-) <

Je préfère en rester là, rien ne sert d'envenimer les choses. Tant que j'y suis, je vais me faire plaisir et poursuivre ce moment gourmand en mangeant face à la berge. Et toc !

4 - Grégoire

Après la crise de jalousie de Nath, j'ai besoin de faire retomber la pression en m'isolant un peu. Je choisis l'excuse des courses de la semaine, pour prendre le large. Hugo, qui est à la balançoire, demande à rester avec ses nouveaux copains, tandis que Lola grimpe dans la voiture à peine mon annonce faite. En tête à tête avec ma fille, je file donc au supermarché le plus proche et compte bien prendre mon temps.

Pourtant, tout était clair, pas de retour en arrière. Ces dernières vacances ensemble ne devaient servir qu'à trouver la meilleure organisation pour la garde des enfants. Je me doutais bien qu'elle avait d'autres projets que ceux-là. En revanche pour moi, c'en est bien fini, c'est sûrement dur à entendre pour elle, mais je ne l'aime plus. Ce n'est pas moi qui suis allé voir ailleurs après tout !

En parlant de ça, d'ailleurs, je ne peux m'empêcher de penser à cette jolie rousse. Y a pas moyen, il faut que j'arrive à discuter davantage avec elle et en savoir plus sur cette inconnue sans prénom.

Pour l'heure, c'est Lola qui me tient compagnie et elle n'arrête pas avec ses questions !

— Papa, pourquoi maman te crie toujours dessus ? me lance-t-elle sans préambule.

— Je ne sais pas trop, Lola, je crois par contre que les histoires des adultes ne te regardent pas, souligné-je un peu sèchement.

— Oui, mais…

— Excuse-moi, ma puce, mais, tu sais, c'est compliqué, je ne voudrais pas que tu croies être responsable de tout ça. Maman et moi, on s'est beaucoup aimés, mais aujourd'hui c'est différent, on peut être des amis, mais plus des amoureux, tu comprends ? m'empressé-je de lui expliquer.

J'ai beau être sûr de ma décision, en parler à cœur ouvert avec ma fille me noue les tripes. J'imagine que tout se bouscule dans sa tête, et ça me fait un mal de chien de lui faire subir cela.

— Oui... mais je crois que maman, elle, n'a pas compris.

Elle est perspicace ma petite !

— Tu as probablement raison... mais dans le fond, maman sait très bien qu'on ne peut plus vivre ensemble. C'est juste un peu difficile de tourner la page. En revanche, toi et Hugo restez les personnes les plus importantes dans nos cœurs, souviens-toi toujours de ça, ça ne changera jamais.

— D'accord, papa, acquiesce-t-elle de sa petite voix.

À mon retour des courses, Nathalie a l'air plus détendue – *ouf* – on va peut-être pouvoir parler tranquillement de tout ça autour d'une bière. J'indique à Lola qu'elle peut aller rejoindre son frère aux jeux et qu'on les appellera pour le déjeuner. Elle est mignonne, ma fille, jamais contrariante, elle m'obéit sans sourciller. Il faut dire qu'il y a pire que d'aller jouer.

Je range les provisions avec l'aide de Nathalie, chose rare ! Oui, parce que *Madame* trouve toujours qu'elle en fait tellement au boulot, qu'à la maison... Bref, c'est du passé.

— Nath, on peut discuter un peu ?

— Oui, évidemment, on est là pour ça, non ? me répond-elle un peu espiègle.

Décidément, je crois que ça ne va pas se passer comme prévu...

— Viens, assieds-toi, tu veux une bière ?

— Oui, merci, mais après on ne traîne pas, on mange. J'ai réservé un canoë pour 15 h, m'informe-t-elle.

Qu'est-ce que je vous disais ! Toujours à ordonner... À planifier nos vies comme ça malgré notre situation, elle va vraiment faire s'envoler mon self-control.

— OK... Non, en fait ce n'est pas « OK » ! Tu vas déjà commencer par arrêter de me donner des ordres, je ne suis pas l'un de tes sous-fifres ! Je veux vraiment qu'on se pose pour mettre les choses au clair, car ta petite crise de tout à l'heure, c'est plus possible, plus possible du tout !

Il faut vraiment qu'elle comprenne que le Grégoire qu'elle a connu a changé. Fini le gentil mari, il n'existe plus.

— Oh ça va, j'ai quand même le droit de trouver ça déplacé que tu dragues devant les enfants et moi, me coupe-t-elle.

Je sens bien que le ton qu'elle emploie se veut détaché, mais qu'au fond, mes mots l'ont blessée.

— Premièrement, je ne draguais pas, et deuxièmement, tu as perdu le droit de me faire une scène sachant que c'est toi qui as provoqué tout ce qui se passe aujourd'hui.

Non, mais sans blague, elle ne va pas me faire chier pour ça, alors qu'elle m'a carrément trompé pendant plusieurs semaines !

— Tu me le reprocheras toujours, n'est-ce pas ? s'agace-t-elle.

— Non, c'est juste une réalité, sur laquelle je suis définitivement passé, mais qui a changé nos vies, ça, tu ne peux pas le nier, lui expliqué-je.

— Ce qui signifie ?

— Ce qui signifie, qu'on a eu beau essayer, s'excuser et s'expliquer, aujourd'hui mes sentiments ne me permettent plus d'envisager autre chose que notre séparation. Je suis désolé si ça te blesse, mais pour être honnête, je me sens mieux depuis que je suis seul. C'était devenu invivable pour moi de cohabiter en sachant que tu avais eu un autre homme, et petit à petit mon amour pour toi s'est envolé. Je suis navré, ça ne reviendra pas. Je ne t'aime plus.

— Les enfants !! À table ! conclut-elle afin de clôturer la conversation.

OK, ça, c'est fait…

Elle s'affaire en cuisine comme si de rien n'était, vantant son programme du jour aux enfants qui n'osent dire un mot. C'en est presque surréaliste.

La journée se poursuit avec le planning décidé par notre Sergent-chef : canoë, baignade en rivière et retour au camping pour 19 h tapantes. Eh oui, douche oblige et repas à 20 h, vive les vacances ! Putain… Moi qui n'aspire qu'à un certain laisser-aller, je suis servi ! Vous vous demandez pourquoi j'accepte cette situation ? Moi aussi, par moments, mais il me suffit de jeté un œil vers Lola et Hugo pour me rappeler que je fais ça pour eux. Pour qu'ils gardent de bons souvenirs de nos dernières vacances en famille.

À 21 h 30, comme hier, tout le monde est au lit, sauf moi, qui erre dans les allées à la recherche d'un peu de vie, quand des rires euphoriques me surprennent. Je m'avance jusqu'à eux et suis sur le cul en découvrant « miss tête en l'air », à moitié ivre, sur la balançoire lancée à vive allure. Mais qu'est-ce qu'elle fout ? Des vacanciers la regardent en se marrant, pendant que d'autres font demi-tour. Elle assure le spectacle de ce soir sans s'en rendre compte.

Comme certains, je prends place sur un coin de la terrasse, suffisamment près pour la contempler, et me commande une pression. *Avec un peu de chance, ça fera redescendre la pression naissante dans mon froc !* La voir comme ça, saoule de liberté (et pas que...), les cheveux au vent et le visage respirant le bonheur, je ne peux m'empêcher de l'imaginer, lâchant prise dans un lit. Ouais, je sais, que voulez-vous, je ne suis qu'un homme en plein fantasme et qui n'a plus connu de femme depuis trop longtemps...

Bah quoi ? Croyez-vous sincèrement qu'après avoir découvert l'infidélité de Nath, ma bite répondait présente à ses avances ? Eh bien, non, c'est le genre de truc qui refroidit le plus chaud des hommes ! Pourtant, le sexe, j'aime ça, mais la situation a fait que ma libido s'est envolée en même temps que mon amour pour elle. En revanche, il suffit qu'un petit bout de femme s'éclate sur un jeu d'enfant pour qu'elle revienne au grand galop. Au bout d'une demi-heure, la place est déserte, laissant la miss à son plaisir solitaire, entendons-nous bien, je parle toujours de balançoire ! Ma bière est finie, mais pas mon érection... Tant pis, je me lève et pars à sa rencontre en espérant que mon t-shirt masque mon émoi.

— Je peux me joindre à vous ? lui demandé-je à la hâte.

— Bien sûr ! Mais avec ce corps, vous risquez de faire craquer les cordes, dit-elle en éclatant de rire.

— Dites que je suis gros tant qu'on y est !

— Oh non, « gros » n'est pas l'adjectif que j'utiliserais pour parler de CE corps, me répond-elle d'une voix rauque en pointant un doigt sur moi.

— Ah, vous me rassurez. Alors quel serait cet adjectif ? rétorqué-je, un brin taquin.

Curieux comme je suis, j'ai hâte d'entendre sa réponse.

— Ça, c'est un secret « papa sexy », lance-t-elle avec un clin d'œil.

« Papa sexy », je n'en demandais pas tant ! À croire que l'alcool la rend bavarde.

— « Papa sexy » hein ?

— Oh meeeerde ! C'est pas vrai, je l'ai encore fait !

— Fait quoi ?

— Je vous ai vraiment appelé comme ça à haute voix ? Oh la gourde ! – hic – Je fais ça tout le temps, je passe une bonne journée, et puis en voyant toutes ces familles heureuses, j'ai un coup de mou. Bah ouais, – hic – je me laisse aller au bar et voilà, je crois avoir pensé un truc dans ma tête et en fait je le dis tout haut. La honte... J'suis pas alcoolique hein, juste..., explique-t-elle en hoquetant.

Je retiens mon fou rire, je ne veux pas en rajouter une couche à son trouble.

— Mais non, c'est toujours agréable d'entendre qu'on est sexy, n'en soyez pas gênée. Vous aussi vous l'êtes d'ailleurs, ne puis-je m'empêcher de lui avouer.

— Euh... je rectifie, ce sera « mari goujat ». Non, mais l'autre ! – hic – Votre femme sait qu'une fois couchée, vous filez à la chasse ? me lâche-t-elle en se levant maladroitement de la balançoire.

Toute gêne a disparu, laissant place à une sorte de colère que je ne comprends pas. Son regard n'est plus le même. Elle me fusille carrément des yeux.

— Pardon ? Je sais que les apparences peuvent porter à confusion, mais la femme qui est avec moi n'est PLUS ma femme, nous sommes séparés.

— Alors là, chapeau, on ne me la jamais faite celle-là ! Vous êtes un sacré acteur, j'étais à deux doigts de vous croire. Sur ce, bonne nuit.

Alors qu'elle commence à partir en colère et titubante, elle trébuche, manquant de tomber la tête la première.

Heureusement, étant sobre et rapide, je la rattrape in extremis.

— Je crois que vous êtes plus saoule que je ne le pensais. Je vous ramène. Où est votre chalet ? questionné-je en raffermissant ma prise afin de la porter jusqu'à bon port.

Je plonge dans son regard vitreux, et attends patiemment qu'elle me réponde. La tenir contre moi éveille bien des choses, mais hors de question de jouer dans cette cour-là. Jamais je ne tenterais quoi que ce soit avec une femme qui n'est pas en pleine possession de ses moyens.

— Quand je fais une connerie, je ne la fais pas à moitié, putain !! C'est le 13, en haut dans le virage. Je vous préviens, si vos mains se baladent, je hurle ! puis elle ajoute à voix basse :

— Charlotte, Charlotte, qu'est-ce que tu fais encore ? Il m'énerve autant qu'il m'excite ce con.

— Charlotte, vous recommencez, mais je vous en prie, continuez, lui soufflé-je, amusé.

Au moins, maintenant, je connais son prénom.

Je la sens se détendre dans mes bras, sa tête reposant à présent sur mon épaule. Merde, je crois bien qu'elle s'endort. En arrivant devant sa porte, c'est une certitude, elle ronfle et moi je me marre de la situation. Elle va se taper un méchant mal de crâne à son réveil et ça aussi j'en mettrais ma main au feu. J'espère juste qu'on aura une occasion de reparler de cette soirée, ce serait dommage qu'elle reste sur ses a priori. Je suis loin d'être le salaud qu'elle décrit, jamais je n'ai trempé mon biscuit ailleurs en étant en couple, ni même séduit pour le plaisir, alors il faudra vraiment que j'éclaircisse la chose.

Tant qu'on y est, je lui rappellerai qu'il n'est pas prudent de laisser sa maison ouverte ! Le seul avantage c'est que je n'ai pas à la réveiller pour lui demander ses clés. J'entre avec précaution, et suis soulagé de me rendre compte qu'elle est vraiment seule dans ce logement. Imaginez la scène si un gros balaise était sur le canapé ! J'ouvre la première chambre, celle avec le lit double, bingo, sa valise est là, enfin valise, je devrais dire dressing ambulant ! Comment peut-on s'encombrer d'autant de choses pour des vacances ? En m'abaissant pour la poser sur le lit, elle resserre sa prise autour de mon cou, en murmurant « mmmh il sent bon papa sexy », qui fait naître un grand sourire sur mon visage, satisfait de voir que l'effet est partagé. Faut vraiment que je file d'ici avant de faire une connerie…

5 - Charlotte

Aaaah, qu'est-ce qui m'a pris ? Ma tête !! Et ce soleil qui m'empêche d'ouvrir les yeux... Merde, il est quelle heure ? Je cherche mon téléphone, tâtonne sur mon lit, puis soulève le drap, on ne sait jamais... bordel ! Je devais être fraîche, je ne me suis même pas déshabillée.

C'est à se demander comment j'ai réussi à rentrer me coucher. Et ce foutu portable, il est où ? Je me lève en prenant mes précautions, ou façon « zombie » serait plus juste : un bras en avant pour éviter de me prendre un truc et l'autre en visière pour me protéger de la lumière. Arrivée devant la table de salle à manger, un petit mot attire mon œil semi-ouvert.

[Promis, mes mains ne se sont pas baladées, je n'ai d'ailleurs pas osé vous changer avant de vous border.

Si vous n'avez pas de Doliprane pour soulager cette migraine carabinée, je pense pouvoir vous dépanner (chalet 3). À l'avenir, essayez d'en rester à deux verres, ce serait plus sage et moins douloureux.

En espérant pouvoir reprendre notre conversation très vite,

bien à vous,

« Papa sexy », Grégoire ou Greg, comme il vous plaira.]

Putain de bordel de merde, c'est pas vrai !!! Dire que je ne me souviens de rien, si ce n'est de son odeur qui me revient à mesure que je lis et relis ce Post-it.

J'avais pourtant passé une super journée, certes seule et sans grande conversation avec moi-même, mais un bon moment malgré tout. Jusqu'à ce que je rentre au camping et que la triste réalité s'abatte sur moi. J'avais donc pris une bonne douche, grignoté sur le pouce et étais allée au bar, juste pour déguster un rosé, qui s'est transformé en un nombre incalculable de verres...

Le tout en ressassant ma pathétique vie en solo, mes rêves ensevelis sous une tonne de regrets.

Bien sûr, j'aurais pu appeler les filles. À quoi bon ? Elles m'auraient sûrement conseillé une soirée en boîte, une rencontre et une nuit de sexe sans lendemain. Non, très peu pour moi, ce n'est plus ce que je recherche. J'estime en avoir assez profité durant les trois ou quatre mois suivant ma rupture avec Bastien. Ouais, c'est sympa, mais ce n'est pas comme ça que l'homme de ma vie me tombera dessus.

Quand je repense à « papa sexy », Grégoire... Ça lui va bien d'ailleurs, avec son petit air mi-sérieux mi-sûr de lui... Qu'est-ce qu'il a dû penser de moi ? J'ai dû lui raconter un tas de conneries, c'est certain, l'alcool aidant, ma bouche sort des choses que je ne dirais jamais d'ordinaire. Quelle minable je fais !

Je n'ai plus qu'à rester cachée dans un coin, espérant qu'il reste bien sagement avec femme et enfants, me laissant digérer mon humiliation. Si seulement je pouvais me souvenir de cette fameuse conversation qu'il souhaite tant poursuivre...

Et sa femme ? Oh putain, elle me jetait déjà des regards meurtriers, je ne suis pas sortie de l'auberge ! Décidément, il vaut mieux rester terrée chez moi, ou fuir ce camping sans me retourner ? Dans quelle merde je me suis fourrée ! J'en connais deux qui vont bien se marrer quand je leur raconterai mes péripéties. Quoique, je ferais mieux de garder ça pour moi. Quand on parle du loup... Un SMS de Flo :

> Alors, ma dinde, tu ne t'ennuies pas trop dans ton coin paumé ? **<**

Bordel, si je lui réponds, elle va griller qu'il se passe un truc, c'est sûr. Je tente tout de même :

> Hey, ma poule, ça va ? Ici, tout se passe bien, t'en fais pas. **<**

Elle ne tarde pas à réagir :

> Sûre ? Je pensais que tu serais plus causante... Nous ça roule, même si le temps n'est pas terrible, on fait avec. Tu me dirais s'il y avait un souci, hein ? **<**

Voilà, c'est pas possible, elle est équipée de radar détecteur à emmerdes. Je la rassure vite fait bien fait, et on n'en parle plus :

> Je t'assure, aucun psychopathe en vue, lol. C'est que je sors de ma douche pour filer faire deux trois courses. Je te reparle plus longuement plus tard, promis. Bise, vieux cul !**<**

J'ajoute un smiley qui tire la langue et hop, envoyé.

Déjà mardi. Presque deux jours que j'arrive à me faire discrète, pourvu que ça dure ! Tout est bon pour éviter de croiser *Greg – pfiou... soupir de fantasme absolu...* Départ de bonne heure, retour avant 17 h pour un plongeon avant le retour des familles et hop, je m'enferme à la maison. Triste, hein ? D'autant que ces fins de journées cloîtrée chez moi donnent à mon cerveau tout le temps nécessaire au développement de son imagination. Il faut dire que *Greg* a de sérieux atouts qui me retournent le ciboulot...

Si je vous dis un mètre quatre-vingt-cinq, muscles saillants, mais attention, pas du genre body-builder, faut pas pousser ! Un visage plutôt anguleux entouré d'une fine barbe de trois jours, le tout magnifié par des yeux d'un vert très clair, presque perturbant. Il ne lui manque plus qu'une petite paire de lunettes et nous avons un vrai play-boy aussi beau qu'intellectuellement intéressant, ouais... Bonjour le cliché ! Mais ça vous parle ? Moi, perso, j'en salive CA-RRÉ-MENT d'envie !! Mais NON, pas question ! Il est marié le con, et en plus, il me fait foirer MA semaine de vacances.

J'avais d'autres projets que de passer mes soirées devant ce petit écran de télé, qui malgré tout me sauve la mise et m'évite de fantasmer davantage en me noyant dans les romances qui remplissent ma liseuse.

Non, moi, je voyais plutôt des veillées en terrasse, à discuter le bout de gras avec mes voisins provisoires, peut-être même squatter la piscine jusqu'au coucher du soleil ou encore jouir des marchés nocturnes des villages alentour. Mais ça, c'était avant de craindre que ce trop charmant papa revienne à la charge après une soirée humiliante. À présent, je me sens obligée de me rencarder sur ses habitudes pour ne pas tomber sur lui, ou sur sa connasse aux regards flippants. Là, par exemple, il est 17 h 30, et d'après le gérant, le joyeux couple avec enfants devrait être de retour dans moins de deux heures.

Hier, je n'ai pas osé traîner dans l'eau, mais merde, j'ai sué comme une vache sous trente-cinq degrés, alors aujourd'hui je vais me fier à mon indic' et en profiter.

Vous savez tous faire la planche ? Allongé dans l'eau telle une étoile de mer, la tronche face au soleil donc aveuglé, les oreilles à moitié immergées donc quasi inutiles, ça y est, vous y êtes ? Connaissez-vous cette sensation étrange d'avoir un visage juste au-dessus de vous au réveil ? Sursaut et cri assurés, n'est-ce pas ? Dites-vous que ce que je viens de vous rappeler, est exactement ce qui m'arrive après m'être pratiquement assoupie, en faisant la planche, me retrouvant avec la bouille toute mimi, mais ô combien détestable à cet instant précis, de Grégoire Junior. Du calme, je parle de son fils, là, pas de son membre, pour qui me prenez-vous ?!

Évidemment, je sursaute en hurlant, ce qui déclenche les pleurs du garçon. Putain, à nous deux, on va ameuter tout le camping ! Pour couronner le tout, Grégoire apparaît, prenant son bambin dans ses bras. Quels bras, la vache ! J'adoooore les avant-bras, et ceux-là sont parfaits. Se contractant sous l'effort, la veine saillante qui va bien...

Moi aussi je veux que tu me fasses un câlin !! Euh, Charlotte, avale ta salive, tu vas faire peur à tout le monde.

Les cheveux en vrac, les yeux qui ne décollent pas de cette fameuse partie de son anatomie, et la bouche ouverte, voici la panoplie de la parfaite chaudasse en manque qui accueille un Greg se confondant en excuses pour l'attitude de son fils.

— Vraiment, je suis désolé, il n'a pas dû pouvoir faire autrement pour entrer dans l'eau, s'excuse-t-il.

Il se fout de ma gueule ou quoi ? Je regarde la main (celle collée à ce putain d'avant-bras) qu'il tend et me rends compte que, dans mon demi-sommeil, j'ai atterri tout près des marches, au moins profond du bassin. Ceci explique cela...

— Au temps pour moi, je n'ai pas fait attention à l'endroit où je me trouvais. Ce n'est pas grave, bonhomme, et excuse-moi, je ne voulais pas te faire peur en criant, précisé-je en me tournant vers le petit toujours accroché à son papa.

— Tu vois, Hugo, ça y est, c'est fini, et si tu avais mis tes brassards, tu aurais pu sauter plus loin, explique-t-il à son fils.

Puis, s'adressant de nouveau à moi :

— Vous auriez dû mettre de la crème solaire, Charlotte, je vais finir par croire que vous aimez avoir mal.

— Mais... je... Quoi ?

Décidément, me retrouver face à lui me rend vraiment intelligente...

— Votre nez, il est tout rouge. Vous avez un bon coup de soleil. J'espère que votre migraine n'a pas été trop virulente, sinon avec cette rougeur, elle va revenir au grand galop.

Non, connard, c'est ma honte qui revient au grand galop, là, tout de suite !

Ni une ni deux, je sors de la piscine, récupère mes affaires en essayant de marcher dignement, mais c'est sans compter sur ces guêpes de merde qui tournoient autour de ma p'tite personne. Jusqu'au coup de grâce...

— Ahhhhhh, elle m'a piquée la salope !!! hurlé-je en entendant le petit Hugo dire à son papa que la dame rouge a dit un gros mot. *Bravo l'instit modèle.*

— Pardon, Hugo, mais, ohhhh pu-naise, ça fait mal ! me dépêché-je de m'excuser en portant la main à mon cou, où la piqûre me brûle déjà.

— Lola, ramène Hugo à la maison avec maman, je vais aider Charlotte à trouver quelque chose pour soigner tout ça, demande-t-il à sa fille.

— Non, non, ne vous embêtez pas, je vais me débrouiller.

Visiblement, j'ai réagi trop tard, les enfants sont déjà partis. Les autres personnes, arrivées entretemps, y vont toutes de leur bon conseil en matière de piqûre de guêpe. Mais déjà mon « sauveur » m'emmène je ne sais où.

— Qu'est-ce que je disais, vous aimez avoir mal ou quoi ? me sort-il sans ménagement.

Je ne peux pas faire autrement que lui répondre sur le même ton :

— De quoi je me mêle, c'est votre faute, vous êtes toujours là à me faire faire n'importe quoi !

— Moi ? Non, mais attendez, vous n'avez pas eu besoin de moi pour vous mettre minable l'autre soir, ni pour vous faire rôtir le nez et encore moins pour essayer de chasser les guêpes à grands coups de tong ! Une vraie catastrophe ambulante, ma parole !

Il me balance ça avec une telle condescendance que je sens les larmes me picoter les yeux à mesure que l'on approche des sanitaires. Sa réflexion fait remonter beaucoup de choses en moi.

Mon éternelle maladresse, c'est certain, mais surtout mes mauvais choix. Rien à voir, me direz-vous, mais pour moi, si, c'est la goutte d'eau qui fait déborder le vase.

Il me place face au lavabo, et au miroir, forcément. Pas moyen que je relève la tête, je crois que me voir grillée et probablement gonflée va m'achever et finir d'ouvrir les vannes.

— Je vous demande pardon, Charlotte, je n'aurais pas dû vous parler comme ça.

— Pff, vous avez raison, alors pas la peine d'en faire tout un plat, hein ? Mes parents m'appelaient Pierre Richard, apparemment, ce surnom me va encore comme un gant, dis-je dépitée.

Visiblement désolé, il change rapidement de sujet, nous ramenant à la raison de notre présence ici. D'ailleurs, pourquoi les chiottes ? Grande question.

— Je peux regarder votre piqûre ? Il faut s'assurer que le dard n'est pas resté.

— Euh, oui, allez-y.

Je tends le cou afin de lui faciliter l'accès, gênée comme une ado devant son premier flirt. Lamentable. Il n'imagine pas les films qui me passent en tête en sentant son souffle sur moi et… ses doigts dégageant mes cheveux.

Appelez les secours, je crains l'autocombustion !!!! Son corps de malade est vraiment, vraiment tout proche de moi, et son caleçon de bain, encore mouillé, tombant sur ses hanches, révèle bien trop de choses pour que je reste calme. *Achevez-moi !!!* Je ne sais pas ce qu'il fait dans la vie, mais il doit avoir suffisamment de temps pour s'entretenir vu le torse qu'il a. J'y décèle de petites imperfections, des cicatrices, surtout sur ses épaules, qui viennent parfaire ce tableau trop lisse sans elles. Et ses bras, je vous en ai parlé ? Oui, OK, j'arrête avec ça, mais quand même…

6 - Grégoire

Que je suis con ! Une journée sans l'apercevoir, et je m'en fais tout un monde. J'en peux plus de me demander ce que j'ai fait de mal. OK, j'aurais dû éviter l'ironie dans le petit mot que je lui ai laissé, mais il n'y avait rien de méchant. Ou alors, elle ne me croit toujours pas au sujet de ma situation personnelle. De toute façon, la conversation mérite d'être terminée, enfin, a priori, elle ne doit pas être du même avis, elle n'est pas revenue à la charge. Remarquez, je l'imagine mal se pointer à la porte de ma loc pour discuter alors qu'il y a mon ex et les enfants. *Ouais, vraiment, quel con !*

La retrouver flottant dans la piscine, assoupie, presque offerte m'a rendu dingue, j'ai dû aller m'asseoir sur le bain de soleil et boire un bon coup d'eau fraîche pour calmer mes ardeurs. Ses hurlements mêlés à ceux d'Hugo m'ont fait sortir de ma rêverie, jusqu'à ce que notre prise de bec ne me remette dans un état second. Elle va me rendre fou ! Déjà, avant de sortir de l'eau, elle me reluquait comme un gâteau qu'elle voulait dévorer, alors quand ses seins se sont mis à remuer sous mon nez à chacun de ses coups de gueule, j'étais fini. Enfin… je croyais.

Ma propre pique, « catastrophe ambulante » – digne d'un bon gros connard – m'a remis les idées en place direct. Le pire, c'est qu'il me semble avoir vu ses yeux devenir humides.

Mais en cet instant, tout près de moi dans son bikini noir orné de petites ficelles rouges qui font ressortir sa chevelure rousse… *quoique, à mieux y regarder, il s'agit plus de reflets qui embellissent un châtain.* Pff, depuis quand je délire sur une couleur de cheveux ? Bref, elle va me rendre fou !

Secouant la tête histoire de me ressaisir, je dégage son cou des quelques mèches qui m'empêchent de voir l'étendue des dégâts causés par l'insecte.

Sa peau frissonne au passage de mon souffle qui s'accélère, s'accordant à mon rythme cardiaque qui s'emballe. Pour détourner cette folle envie de lui mordiller la nuque, je tente difficilement de me concentrer sur ma tâche. Le dard n'est plus là, mais une belle teinte rougeâtre et légèrement enflée apparaît à l'endroit où l'insolente l'a piquée.

— Je vais y mettre de l'eau froide, mais il serait sûrement plus efficace que l'on y mette de la glace pour éviter que ça ne gonfle davantage, l'informé-je.

— Mais non ! N'y touchez surtout pas ! Pourquoi dites-vous ça ? C'est gonflé ? me demande-t-elle en se retournant si vivement qu'elle se retrouve collée à mon torse, de face. *Putain, ses seins ! Parfaits pour mes mains.*

— Juste un peu, et rouge aussi, lui confirmé-je en étant probablement aussi coloré que son cou en songeant à ce qui gonfle chez moi, bien trop proche de son corps.

Je vois son regard quitter le mien pour migrer plus au sud, là, c'est le drame... Nous sommes à présent tous les deux pivoines, si vous voyez ce que je veux dire...

— Je... hum... je vais rentrer. Si vraiment nécessaire, j'irai à la pharmacie, me dit-elle sans pouvoir me regarder dans les yeux.

— Comme vous voulez, abdiqué-je, déçu que cet instant s'arrête.

— Merci en tout cas, et... peut-être devriez-vous profiter du lieu où nous sommes pour euh... prendre une douche, froide la douche, me lance-t-elle avec un sourire gêné.

— Attendez, je la rappelle avant qu'elle me laisse, ce que je vous ai dit l'autre soir, pour Nathalie et moi, c'est la pure vérité, elle n'est plus ma femme.

— Donc ? Le sachant, je devrais rester pour vous aider à régler ce... PE-TIT problème ? me répond-elle sèchement en pointant mon short de bain.

À peine ai-je le temps de baisser les yeux vers mon « petit » souci qui n'est pas si petit que ça, soyons clairs, qu'elle a disparu, encore... C'est moi ou elle me rend débile ? Pourquoi lui avoir sorti ça maintenant ? En fermant les paupières, navré de ce dernier échange, mon cerveau – ce traître – me renvoie sans cesse l'image de son corps à moitié nu ou de sa tignasse rousse dans laquelle je vois très bien mes doigts se perdre. Et sa poitrine, comme ses hanches, putain !

Elle a ce qu'il faut là où il faut ; ni trop fine ni trop ronde, assez grande, je dirais un bon mètre soixante-dix de sensualité.

À mon retour dans notre chalet de vacances, je suis accueilli par une Nathalie froide et distante tandis que les enfants accourent vers moi pour avoir des nouvelles de la « dame toute rouge ».

— Ne t'inquiète pas, Hugo, elle va mieux. Tu sais, elle a un prénom la « dame », elle s'appelle Charlotte.

— Ah, on en est au prénom alors ? me coupe Nath, en accompagnant sa question de son fameux regard qui tue.

— Tu sais, c'est ce qui se fait quand on parle un peu avec les gens, quand on est un minimum sociable. Mais excuse-moi, j'avais oublié qu'on n'est pas en vacances pour se faire des amis. Hein ? C'est bien ça ton discours chaque été ? lui rétorqué-je aussi sec.

— C'est à croire que les enfants et moi ne te suffisons pas. Notre compagnie ne te plaît pas ? Eh bien, ce soir, je les emmène dîner dehors, SANS TOI ! me hurle-t-elle.

— Tu veux bien baisser d'un ton, s'il te plaît. Je dois ENCORE te rappeler pourquoi on est là ? Merde à la fin, du temps, avec toi, j'en ai passé. Pour ce qui est des enfants, ils me voient plus qu'ils ne te voient TOI. Alors, garde tes reproches, je ne suis pas venu pour recoller les morceaux. Avec ce genre de scène, tu ne favorises pas ce qui pourrait devenir une relation cordiale. Sur ce, bon appétit, lui balancé-je en avançant vers la sortie.

Avec une seule question, elle a réussi à me pousser à bout ! Je ne sais pas à quoi elle joue ou ce qu'elle cherche réellement, cependant si elle continue sur cette voie, on fonce tout droit dans le mur ! Tout pourrait être tellement plus simple... Finalement, elle a raison de sortir avec Lola et Hugo, une soirée au calme me fera le plus grand bien.

— Non, attends ! Je sais tout ça, mais, Grégoire, je n'en veux pas d'une relation cordiale, je te veux, toi, comme avant, me retient-elle, les larmes aux yeux.

— Ce n'est plus possible, Nath, tu le sais très bien. On a eu une belle histoire, mais elle est finie. Tes coups de gueule, j'en veux plus, tes journées calées à la minute, j'en veux plus, faire un boulot de merde pour te laisser vivre tes rêves me sort par les yeux, et que tu m'appelles toujours « Grégoire » après toutes ces années, tout ça parce que ça fait plus « sérieux » que Greg, alors ça vraiment J'EN PEUX PLUS !! C'est assez évident, non ? Tu m'en as assez fait baver !

Je pars en claquant la porte tellement elle m'a fait chier ! Heureusement, au premier haussement de ton, Lola et Hugo sont sortis rejoindre leurs copains, quel spectacle ça aurait été pour eux... Navrant. Je file les rejoindre, en espérant qu'ils n'aient rien entendu de toute cette merde.

Je les trouve près de l'enclos des poneys avec le gérant. C'est assez éloigné de notre maisonnette pour que nos voix aient porté jusqu'à eux. Une demi-douzaine d'enfants les accompagne, tous aussi excités les uns que les autres à l'annonce d'une promenade en calèche. On peut dire que j'ai eu chaud, ça m'évite leurs très probables questions, et ça me détendra de passer ce moment avec eux.

En moins de temps qu'il ne faut pour le dire, le proprio attelle les poneys à la petite charrette, pouvant contenir trois ou quatre enfants, et c'est parti pour la balade dans les allées du camping.

Marchant au côté des bourrins, je me requinque de voir le sourire de mes deux loulous, ravis de se pavaner devant les jaloux qui ont déjà eu leur quota. Forcément arrive le chalet 13, où Charlotte profite de la température agréable sur sa terrasse. Putain, elle est belle dans cette robe kaki ! Au moins, elle ne se cache plus comme les soirs précédents. En revanche, à la tête qu'elle fait quand elle se rend compte de ma présence, je ne dirais pas qu'elle est contente de me voir...

— Papa, t'as vu, c'est la maison de Charlotte, m'indique Hugo.

— Oui, j'ai vu.

— Charlotte, t'as plus mal ? s'inquiète Lola.

— Non, ça va, ma puce, c'est gentil, répond ma jolie rousse. GREG, attention !

J'ai juste le temps de cesser de la regarder pour m'éviter un arbre, là, à deux doigts de ma tronche. Elle m'a appelé « Greg », putain, j'en banderais presque. Au lieu de ça, je la remercie avec un sourire niais, j'en suis sûr :

— Merci, Cha.

— Vous croyez qu'en m'appelant comme ça je vais me mettre à ronronner ? lance-t-elle avant de partir dans un fou rire.

Elle est cinglée, je n'y avais même pas pensé.

— Une autre fois peut-être, glissé-je avec insolence.

Eh oh, Greg, les enfants sont là !!

— Elle est rigolote la dame, remarque Hugo.

Ouais, elle est marrante.

— Et surtout très jolie, complète le gérant.

Ouais, carrément canon !

Le petit tour terminé, j'explique aux enfants que leur maman les emmène au restaurant, ils sont tellement contents qu'ils passent à côté du fait que je ne ferai pas partie de la « fête ». Tant mieux, c'est important qu'ils fassent la part des choses et sachent profiter de nous à tour de rôle, ce sera leur quotidien à notre retour de vacances. Si seulement Nath pouvait réagir comme eux, ça m'arrangerait ! Mais la petite réflexion qu'elle me sort après avoir fait monter Lola et Hugo dans la voiture me prouve le contraire.

— Tu as le champ libre pour ce soir, « Greg ». Va voir ta Charlotte et après on sera quitte.

Pas le temps de répondre, elle est déjà au volant, porte fermée. OK...

Comment peut-elle penser ça de moi ? Si j'avais dû me venger, je l'aurais fait il y a bien longtemps. Je ne la comprends vraiment plus. Cela dit, elle a peut-être raison sur un point, c'est le bon moment pour aller la retrouver et mettre enfin les choses à plat. Pour ce qui est du reste, pas d'histoire de « on sera quitte », je ne marche pas dans ces plans à la con.

Une douche plus tard, et une bouteille de vin rouge à la main, je suis là, devant la porte de la maison 13. Au deuxième coup, elle m'ouvre, belle comme tout dans la même robe que tout à l'heure, pieds nus. Je vous jure que si je n'étais pas maître de moi, je me jetterais sur cette bouche fine et d'un rose qui appelle aux baisers. Elle m'interroge de ce regard d'un vert qui ne m'avait jamais autant troublé qu'à cet instant.

— Vous vous êtes perdu ? me sort-elle, toujours aussi directe.

— Non, du tout. Je venais voir si vous étiez d'accord pour enterrer la hache de guerre et avoir une VRAIE discussion, lui expliqué-je.

— OK, mais en terrasse alors. Allez-y, asseyez-vous, je vais chercher des verres.

Je m'exécute et prends place autour de la table, un peu nerveux et cherchant comment faire avancer le schmilblick. Jamais je n'ai été aussi maladroit qu'avec cette femme, je n'arrive pas à me l'expliquer, moi qui cherche toujours réponse à tout.

Ne vous méprenez pas, il ne s'agit pas de tout savoir, tout connaître et d'en faire étalage, loin de là, mais j'aime avoir une explication logique aux événements, aux situations que je peux vivre, c'est comme ça.

Je crois surtout que ça m'aide à garder les pieds sur terre, à rationaliser, voire intellectualiser les choses alors que je passe ma journée la tête dans les arbres, sans grandes valorisations cérébrales. Son retour coupe mes élucubrations, tant mieux ! Elle a l'air de s'être un peu décrispée et me tend un tire-bouchon.

— Je vous laisse l'ouvrir, me dit-elle en pointant la bouteille que j'avais presque oubliée.

— Oui, bien sûr. Vous aimez le vin rouge, j'espère, je n'avais que ça en stock.

— Oui, merci. Euh, un peu de fromage ou de charcuterie pour l'accompagner, ça vous dit ?

— Volontiers, c'est vrai que je n'ai pas pensé à prendre de quoi grignoter, pourtant, vu l'heure...

Ah OK... elle est déjà là, avec une assiette fournie de tout ce qu'elle vient de nommer.

— Pour être honnête, j'allais me faire une orgie de produits locaux quand vous avez frappé à ma porte, précise-t-elle, presque gênée.

— Désolé, je ne voulais pas vous déranger.

— Arrêtez de vous excuser, ça devient gênant, vraiment.

— Il faut dire que depuis le début des vacances, je cumule maladresse sur maladresse avec vous, alors il y de quoi, ajouté-je.

— C'est vous qui parlez de maladresse ? Sans blague ! Je suis morte de honte depuis l'autre soir, dont d'ailleurs je ne me souviens quasiment pas, alors détendez-vous, c'est à moi de m'excuser.

— Vous ne vous en rappelez vraiment pas ? m 'étonné-je.

— Bah, non, dit-elle en se cachant derrière ses mèches rousses. Je me suis réveillée le lendemain, habillée et pas très en forme, puis j'ai trouvé votre mot. Que s'est-il passé ?

— Euh... hmm... Vous avez fait beaucoup de balançoire, vous avez aussi beaucoup ri et quand je me suis joint à votre moment de relâchement, on s'est comme qui dirait pris la tête après quelques échanges de compliments. En voulant rentrer chez vous, vous avez manqué de chuter, donc je vous ai reconduite ici. La porte étant restée ouverte, et comme vous vous étiez endormie sur mon épaule, je vous ai couchée sur le premier lit que j'ai trouvé, voilà, fin de l'histoire.

— Oh la vache ! J'imagine que j'ai dit des choses, non ? C'est tout moi de dire n'importe quoi quand j'ai bu, alors, dites-moi, je n'ai pas dépassé les bornes ?

Que répondre à ça ? Pour ma part, je me rappelle tout, « papa sexy », « mari goujat » y compris.

— Disons que je connais le surnom que vous me donniez avant cette soirée, confessé-je, un brin moqueur.

— Merde... jure-t-elle entre ses dents.

Moi qui n'ai pas l'habitude d'entendre des grossièretés dans la bouche d'une femme, j'avoue que son côté « nature » est rafraîchissant. Il me plaît même un peu trop.

— Si ça peut vous rassurer, vous m'avez ensuite traité de goujat, ça compense, rigolé-je.

— Ouais... vachement moins gênant que « papa... », dit-elle avec une moue perplexe. Bref, pardon pour tout ça, et merci de m'avoir raccompagnée ce soir-là. Cependant, pourquoi s'être disputés ?

— Ce n'est rien. Quand je vous ai complimentée, vous avez trouvé culotté que je le fasse étant marié, je vous ai donc expliqué que nous n'étions plus ensemble et vous ne m'avez pas cru, voilà, d'où le « mari... »

— Oui, d'accord, je vois, me coupe-t-elle. Comprenez-moi, la situation a de quoi laisser sceptique.

Après avoir trinqué, je commence donc le récit de ma minable rupture avec Nathalie, allant jusqu'à lui fournir les détails de son adultère, les mauvais moments qui ont suivi, comme ceux qui ont précédé. Je termine ainsi par le pourquoi de notre venue en « famille ». Elle pose tantôt un regard sidéré, tantôt peiné sur moi au fil de mes confidences. Ça me fait du bien de balancer tout ça, non que j'aie besoin de compassion, mais vider mon sac me permet de me rendre compte que notre relation était pathétique depuis bien trop longtemps.

— Mais quelle salope ! Euh, désolée, je me retiens toute l'année, étant enseignante, alors à croire que cette semaine je sors mon lot de vulgarités avant la rentrée, conclue-t-elle mon histoire en rougissant.

— En effet... Je m'aperçois que je me suis laissé aveugler par l'amour qui régnait au début, et me suis un peu perdu. Alors oui, SALOPE est le mot juste.

Nous partons tous deux en éclat de rire. Quel soulagement ! Elle est encore plus belle et détendue après.

— Vous savez tout. Donc, vous êtes professeur des écoles ? Quelle classe ?

— Oui, j'adore mon travail ! J'enseigne en classe de CP depuis bientôt trois ans, une année charnière, mais je pense pouvoir dire que je me débrouille. Et vous ?

— Je suis « énanueur », bafouillé-je.

— QUOI ?

— Élagueur, répèté-je en baissant les yeux.

— Ça a l'air de vous épanouir un max, rit-elle

— Exactement !

— À vous entendre parler, « vous avez ce style presque bourgeois », accentue-t-elle, je pensais à une carrière plus littéraire ou artistique, j'avoue.

Si seulement... Chaque fois que la question professionnelle se pose, je me sens honteux. Pas de ce que je fais, il n'y a pas de sot métier, mais je suis déçu de ne pas avoir su exprimer mes ambitions profondes. Je me suis oublié en acceptant de suivre Nathalie dans ses déplacements. Avec du recul, j'aurais certainement pu trouver une solution pour allier les deux.

— Qui sait, peut-être un jour... Bon, et ce saucisson, on l'attaque ? proposé-je pour passer à autre chose.

Un blanc s'ensuit, durant lequel je ne peux détacher mon regard de ce visage à la fois doux et un brin méfiant, je suis sous le charme, je ne peux plus le nier.

7 - Charlotte

Allô, il y a quelqu'un ?

Nous sommes tous les deux perdus dans les yeux l'un de l'autre, un moment hors du temps. Après l'effet de surprise en le trouvant sur le pas de ma porte, le fait qu'il prenne les devants pour dérider la situation est vraiment, vraiment très appréciable… Plus il parle, plus je le trouve attirant, et comme par hasard, il a les fameuses lunettes dont je vous parlais, *pff, il fait incroyablement chaud* ! Il a beau être habillé de manière relativement classique : bermuda camel, polo noir près du corps et tongs, j'adhère complètement. Quant à moi, il a dû croire que je sortais avec ma robe portefeuille longue, mon maquillage, certes léger, mais que voulez-vous, quand je n'ai pas le moral j'ai au moins besoin de me sentir (à peu près) belle.

Je commence à sentir que le vin fait son petit effet, je dois rougir de notre échange de regards, quand il m'interrompt dans ma contemplation.

— Vous êtes vraiment très jolie, Charlotte. Je ne saurais dire ce qui se passe, là, maintenant, mais vous me troublez, ça, c'est certain, déclare-t-il sans reprendre son souffle.

— …

C'est ce qui s'appelle « couper la chique » !

— Je vous mets mal à l'aise ? Je suis navré, mais il fallait que je vous le dise, ajoute-t-il avec un aplomb qui me surprend.

— Je me sens flattée, c'est sûr. Toutefois assez gênée, en effet. Vous êtes aussi… mais… la situation est tout de même bizarre. Votre ex, vos enfants, sans compter le fait qu'on ne se connaît pas, soyons honnêtes, on a passé l'âge des amourettes de vacances !

— Désolé, oubliez ce que je viens de dire, je vais vous laisser, répond-il un peu durement.

Aurai-je vexé Monsieur ?

Je ne sais pas trop comment interpréter sa réaction. Je ne crois pas avoir été cinglante. Après tout, c'est vrai, on ne sait que peu de choses l'un de l'autre.

— Non, ne le soyez pas et restez, si je mange ça tout de seule, finie la jolie Charlotte, rattrapé-jele coup en plaisantant.

Il accepte de poursuivre cette soirée bien agréable, quoiqu'un peu… spéciale. Cela me permet d'apprendre qu'il est originaire de la région parisienne, mais qu'il réside en Vendée depuis quelques mois et souhaite s'y poser tant il a déménagé ces dernières années. Savoir qu'il n'habite pas à l'autre bout de la France, finalement proche d'Angers où je vis depuis toujours, fait se réveiller Mme imagination.

On pourrait se revoir si on voulait, il m'emmènerait à la plage, faire du bateau, ah oui, je le vois bien tenir la barre…

— Quand vous voulez, souffle-t-il, un sourire aux lèvres.

— Quoi ?

— Quand vous voulez, je vous fais découvrir la plage et les joies de la navigation. Oui, Cha, vous l'avez pensé tout haut, mais ça me plaît bien comme idée. Même si Fontenay-le-Comte est à quelques kilomètres de la mer.

Je dois être écarlate. Je me confonds en excuses, qu'il refuse, trouvant ma confession touchante. Faut que j'arrête le vin, sinon ma main aussi va devenir touchante. Oh merde, je déraille complet !!! S'il me regarde encore comme il le fait, je ne vais plus répondre de moi et mordre enfin dans cette lèvre charnue.

— Pourquoi m'appeler « Cha » ? Personne ne m'appelle comme ça.

— Raison de plus. J'ai adoré que vous m'appeliez « Greg », tout à l'heure, rares sont ceux qui utilisent ce surnom.

Ah, cette voix qu'il prend pour me dire ça… À moi, au secours ! Je vais craquer !!!

— J'ai passé une très bonne soirée, Greg, merci pour l'initiative, je vais enfin pouvoir ressortir de mon chalet sans gêne. En revanche, je crois qu'il va être temps de se dire au revoir, si je veux éviter la migraine.

Je lui dis ça avec un clin d'œil, lui rappelant ses mises en garde au sujet de l'alcool. J'espère qu'il comprend par cette insinuation que malgré ma honte au sujet de ma soirée d'ivresse, je ne suis pas restée indifférente à son petit mot. Tandis que je me lève pour appuyer mes dires, Grégoire m'imite en rétorquant :

— Moi aussi j'ai passé un très bon moment, Cha, j'espère en passer d'autres avec toi.

Ah, on est passé au tutoiement, OK.

— Oui, il me semble que quand deux personnes viennent de partager une soirée comme celle-là, elles peuvent passer au tutoiement, non ? ajoute-t-il.

— Euh… oui, bien sûr.

— Bonne nuit, et à très vite alors ? s'enquiert-il, en me scrutant presque timidement.

Je note toutefois que son semblant de réserve est bien contradictoire avec le ton employé, suave et aguicheur.

— Merci à toi aussi, *Greg.*

Est-ce que j'étais vraiment obligée de prendre cette voix mielleuse ?

— Prononce encore une fois « Greg » comme tu viens de le faire et… menace-t-il en ôtant ses lunettes.

Est-ce l'envie de tester ses résistances ou les miennes qui me fait répéter son surnom ? Je ne sais pas. Il franchit la barrière de mes lèvres avant que j'analyse le pourquoi de mon audace.

— *Greg.*

Il se jette sur ma bouche, tel un homme affamé, mélange de brutalité et d'envie contenue trop longtemps. Un baiser comme décrit dans les livres. Vous savez, le genre de scène où l'on se dit « ouais, mais bien sûr » et bah ouais, c'est finalement possible. Il me fait gémir rien qu'avec ses lèvres sur les miennes et ses mains sagement posées sur moi, l'une sur ma nuque, l'autre sur ma hanche.

— J'étais sûr que tu ronronnais, souffle-t-il d'un air charmeur et sûr de lui.

Le bout de sa langue taquine à présent la mienne, un vrai délice ! Après quelques hésitations, moi aussi, je pars à la découverte de son corps, en passant une main dans son dos, où je sens ses muscles se contracter, et l'autre sur son épaule ferme. Si je ne me retenais pas, je les glisserais sous son polo. *Grrr, foutue morale !*

Je le sens ralentir la cadence tout en gardant un rythme langoureux et gourmand. Les images qui se bousculent dans ma tête commencent à virer « interdit -18 ans » ! Quand sa fougue reprend, me plaquant contre le mur le plus proche – que je verrai autrement demain – j'en suis presque à supplier intérieurement qu'il me prenne là, maintenant. Il continue son exploration, caressant mes fesses puis remontant le long de mes côtes, pour s'arrêter juste à la naissance de mon soutien-gorge. Alors que je pense qu'il a su lire ma supplique, il cesse de m'embrasser, essoufflé, et colle son front au mien. J'ai envie de hurler « Waouh, encore, qu'est-ce que tu fais ? » lorsqu'il m'englobe le visage tendrement et qu'un « PAPA » résonne non loin de nous.

Et merde…

Il ne m'en faut pas plus pour le repousser doucement, encore sous le choc de ce baiser qui me laisse toute chose. Le visage tourné vers le lieu d'où provient l'appel de sa fille, lui aussi semble chamboulé par cet élan, mais redescend très vite, en apercevant Nathalie, qui nous observe avec une moue de dégoût.

La fête est terminée…

— On s'inquiétait ! Les enfants t'attendent pour se coucher, Grégoire, le réprimande-t-elle comme si elle s'adressait à un gamin.

— Bien sûr, grogne-t-il entre ses dents, tout en baissant les yeux vers moi, l'air navré.

— Vas-y, file border tes enfants, Greg, lui chuchoté-je.

— Merci, Cha. Tu n'imagines pas ce que ce moment représente pour moi.

Je le regarde partir, son ex toujours postée au même endroit, l'accueillant avec un sourire on ne peut plus faux plaqué sur le visage, tandis que lui, trace sa route sans un regard pour elle. Lorsque je crois qu'elle va le suivre, elle s'avance vers moi, de plus en plus rapidement, jusqu'à atteindre le devant de ma terrasse et me lâche, arrogante et moqueuse :

— Il m'écoute toujours, sachez-le. Encore ce soir, je lui ai dit de venir vous voir, de vous sauter sans ménagement afin que cette lubie lui sorte de l'esprit. C'est chose faite, donc lâchez-le maintenant ! Il me reviendra toujours.

— Ravie de l'entendre. Mais *sachez-le*, ce soir a été l'exception qui confirme la règle, bonsoir, rétorqué-je.

— Comment ?

— Réfléchissez et vous trouverez toute seule, clôturé-je en rentrant chez moi.

Mais quelle espèce de CONNASSE !!!! Elle a le don pour faire redescendre la température cette garce !

En colère et frustrée, je fonce enfiler une tenue plus confortable tout en me remémorant cette soirée, me demandant comment elle aurait pu se terminer sans cette interruption. Tout était parfait, *lui*, la conversation, *lui*, ses confidences, *lui* et son putain de baiser !!

En sortant pour ramasser les restes de notre soirée, mon regard balaie la table, à la recherche des lunettes qu'il a dû oublier, mais y trouve à la place, un papier bleu, protégé du vent par mon téléphone. Connaissant maintenant le penchant de Greg pour les petits messages, je le prends à la hâte.

[Charlotte,

Merci encore pour cette soirée délicieuse et pardonne-moi pour la tournure qu'elle a prise. Ce baiser signifie autant que les mots que nous avons échangés ce soir. Je comprendrais que tu ne veuilles pas te lancer dans ce qui semble être une aventure compliquée. Cela dit, je me suis permis de rentrer mon numéro dans ton portable, juste au cas où...

Fais de beaux rêves et n'hésite pas à utiliser ton téléphone. Je t'embrasse,

Greg]

S'il savait comme ce geste me touche ! Après le départ de l'autre furie, même si je ne pense pas qu'il retourne vers elle, je me suis prise à douter. C'est vrai, quoi, je ne le connais ni d'Ève ni d'Adam, alors pourquoi vaudrait-il mieux que les autres ? Bien que prudente, je ne sais pas ce qui me pousse à lui faire confiance, à part ma niaiserie peut-être, mais ses confidences sonnaient trop justes pour que je les remette en question.

De plus, mon intuition me souffle que cet homme est un type bien, c'est comme ça, je le sens. Par contre, sa folle d'ex, je m'en méfie comme de la peste ! Une fois le tout rangé, je vais me coucher. Rassurée par ce message, je compte bien m'endormir sur cette note positive. Toutefois, je ne résiste pas à ce nouveau contact présent sur mon smartphone, en tapotant mon oreiller, je m'installe confortablement et fouille mon téléphone.

J'y pianote quelques mots, que j'efface, puis renouvelle l'opération, pour finalement n'envoyer qu'un « merci ». Bah ouais, hors de question de passer pour une fille désespérée !

8 - Nathalie

Si elle croit qu'elle peut me voler ma vie, elle se met le doigt dans l'œil !

Pour qui se prend-elle avec son air innocent et sa robe de pétasse ? Grégoire est à moi et ça ne changera pas !

OK, je n'ai vraiment pas assuré, ou du moins pas été aussi discrète que d'habitude, mais pourquoi a-t-il fallu qu'il vienne me chercher CE jour-là en particulier ? Tout allait bien entre mon homme et moi jusqu'à ce qu'il daigne venir me rendre cette visite impromptue, et plutôt déconvenue…

Grégoire est entré dans une colère noire en me voyant la jupe relevée, les avant-bras reposant sur le bureau, une nouvelle recrue très en forme derrière moi, une main me claquant la fesse, l'autre tirant sur mes cheveux noirs, me cambrant au maximum. Si vous m'aviez vue… au top de ma vulgarité, inconnue par le père de mes enfants. Quand j'y repense, il aurait pu se joindre à nous, au lieu de me faire une scène ! Mais non, *Monsieur* a des principes, le libertinage n'en fait pas partie. Remarquez, des miens non plus, je ne partage pas ; en revanche, je ME partage, c'est bien là la différence.

J'ai eu beau tout mettre en œuvre pour lui présenter mes excuses, le chauffant comme j'ai pu le faire avec David ou d'autres, mais rien, pas une amorce de pardon et surtout pas la moindre partie de jambes en l'air digne de ce nom, depuis cet épisode fâcheux. Il a dû croire que je remettais en scène mes fantasmes réalisés avec « mon collègue ». Il faut dire qu'avec Grégoire je ne me suis jamais montrée particulièrement chaude. Non, pour moi, il représente la stabilité et la sécurité, pas la luxure. Ma libido se vit ailleurs, en dehors de notre cocon rassurant.

D'ailleurs, avant cela, il ne m'en avait pas fait le reproche, se contentant de ce que je voulais bien lui donner, une fois le dimanche, de manière conventionnelle, tel le brave homme qu'il est.

Maintenant, il coince la rousse pour la déniaiser contre un mur ? C'est une blague ?!

Mais je le connais par cœur, il ne pourra pas résister, il me reviendra, notre couple représente trop à ses yeux. Il a une famille à honorer, à protéger. Il ne peut pas nous abandonner comme ça, pour « une » infidélité.

Comment pourrait-il se regarder dans une glace s'il rompait la promesse faite à sa mère ? Mon pauvre amour... Ne t'inquiète pas, je saurais te rappeler que tu m'appartiens. Quel que soit le moyen.

9 - Grégoire

Elle ne pouvait vraiment pas s'en empêcher !! Pour arriver à cet instant crucial, ce n'est pas possible, elle nous observait depuis un moment. Le pire dans tout ça, c'est qu'elle se ridiculise toute seule, comme une grande, en agissant comme elle le fait.

Je rejoins le chalet dans un état second, pris entre la colère qu'a provoquée Nathalie, et le désir insinué par Charlotte, qui certes est redescendu, mais a été particulièrement intense. En même temps, je crois que jamais je n'ai autant voulu une femme. Cette soirée m'a ouvert les yeux sur des choses sur lesquelles je ne m'étais jamais penché, sur des envies longtemps refoulées, des concessions que je n'avais pas à faire, bref, la nuit risque d'être riche en réflexions !

En arrivant près de la chambre des enfants, je les entends chuchoter :

— Mais si je te dis, Charlotte elle est trop gentille, en plus elle est trop belle, murmure Hugo.

— Je sais bien, c'est pas Charlotte qui a mis maman en colère, c'est papa, lui répond Lola.

— Elle est tout le temps en colère contre papa, elle le fâche et elle dit des trucs pas gentils.

— Ah bon ? Elle dit quoi ? demande Lola.

— Elle m'a dit de plus écouter papa, parce qu'il est plus amoureux d'elle, mais j'ai pas tout compris... avoue-t-il, boudeur.

Mais quelle garce !!

Comment a-t-elle pu en arriver là ? Depuis le début, bien que ce soit elle qui ait déconné, je prends des pincettes, reste calme pour la ménager, pendant qu'elle se sert des enfants !

— C'est parce qu'elle est triste, elle l'aime encore, enfin... je crois. Mais c'est pas pour ça que tu dois pas écouter papa.

Bien joué, ma grande !

— Bah non, je sais, c'est pour ça que j'ai pas compris, bougonne-t-il en se blottissant contre son doudou.

C'est là que je me décide à entrer et m'asseoir sur le lit de Lola, qui y est en tailleur, songeuse.

— Alors ce resto, c'était sympa ? m'exclamé-je pour détendre l'atmosphère.

— On a même pas eu le droit d'aller aux jeux, tu sais, y en avait comme à McDo, se plaint Hugo.

— C'est rien, mon loulou, tu joueras demain avec tes copains, puis tu pourras peut-être refaire de la calèche. Et toi, Lola, ça t'a plu ?

— Ouais... y avait pas de frites... répond-elle, lasse.

— On y pensera pour le prochain resto, OK, ma puce ?

— OK.

Voyant la fatigue s'installer, je les borde. Un câlin et un bisou plus tard, je ressors avec la ferme intention de rediscuter de tout cela avec eux. Le jeune âge d'Hugo limitera sûrement certains sujets, mais il est temps d'éclaircir tout ça avec eux comme avec Nath. D'ailleurs, la voilà qui revient, remontée comme une pendule...

Bordel, je ne suis pas couché...

Avant d'entamer une énième discussion avec elle, hors de question de laisser Charlotte avec des doutes. Je profite du passage de Nath à la salle de bain pour déposer un petit mot chez celle qui a réveillé bien trop de sentiments en moi. Inutile de prévenir mon ex de ma brève sortie, elle risquerait de partir en vrille alors que les enfants sont tout juste couchés. Pas question qu'ils assistent à cela.

À mon retour, je me sers un café en en proposant un à Nathalie, même si une camomille serait sûrement plus appropriée vu son état. Elle accepte et va s'installer sur la terrasse où il fait encore bon. Je prends le temps de respirer un bon coup avant de la rejoindre, rien ne sert d'aborder les choses sous pression. Je préfère garder mon calme pour ne pas risquer d'atteindre un point de non-retour.

— Les enfants sont couchés.

— Oui, j'ai vu, merci, rétorque-t-elle froidement.

— Tu ne penses pas qu'il serait bon de passer à autre chose, pour toi comme pour Hugo et Lola ?

— Tu ne peux pas me demander ça, je t'aime, et je sais, au fond, que tu m'aimes encore.

— Écoute, Nathalie, évidemment, j'aurai toujours de l'affection pour toi, tu es la mère de mes enfants, la femme avec qui j'ai vécu pendant des années et que j'ai aimée. Mais comprends que pour moi ce n'est plus possible. Toute mon enfance et adolescence, j'ai vu mon père se foutre royalement de ma mère, la trompant, lui promettant monts et merveilles, et pourquoi ? Pour finalement se barrer avec une autre ! Ça ne te rappelle rien ?

— Si, justement, ça me rappelle tes belles promesses à TOI ! Celles que tu m'as faites et celles que tu as faites à ta pauvre mère ! appuie-t-elle.

Elle est bien bonne, celle-là ! Si elle cherche un point sensible sur lequel appuyer, elle se met le doigt dans l'œil. Sa mauvaise foi a beau me mettre en colère, elle ne m'atteint pas plus que ça. Au fond, je sais ce que je vaux, ce que je mérite, alors elle peut y aller, je suis armé !

— Laisse-moi rire ! *un rire sans joie face à ce coup bas.* Tu es drôlement gonflée de me sortir ça ! Mes promesses, je les ai tenues : je t'ai aimée, respectée, protégée, suivie, jamais trompée, jamais menti. Peux-tu en dire autant ? l'interrogé-je d'un ton acerbe en la pointant du doigt.

— Je n'ai prêté aucun serment, dit-elle mesquine.

— Ah, donc pour toi, fonder une famille n'est pas une chose suffisamment importante pour être perçu comme un engagement ?

— Tu n'as jamais voulu m'épouser !!! crie-t-elle.

— Tu sais très bien pourquoi ! Il était hors de question que je gâche ce que nous avions avec une signature insignifiante ! Notre amour, nos enfants valaient bien plus que cette promesse administrative, tu étais d'ailleurs OK avec ça, depuis le premier jour. Donc maintenant le sujet est clos. Il nous reste quatre jours pour envisager notre retour en Vendée, la garde alternée et l'organisation qui va avec. Non, tu sais quoi ? En fait, on va faire simple. Je les prends dès la fin du séjour pour te les ramener le vendredi suivant, et ainsi de suite. C'est clair ? terminé-je, essoufflé.

— Mais... euh... je...

Ça te la coupe, hein ?

— Je me suis laissé mener pendant des années, ce soir c'est terminé ! Tant qu'on y est, demain matin, on parle aux enfants, ensuite, alternance ici aussi. Ça ne sert à rien de poursuivre ces pseudo-vacances en famille, c'est du mensonge, les enfants ne méritent pas cela. Bonne nuit !

Oh putain, quel soulagement !! Je file me coucher, plus serein que jamais, avec la surprise d'un « Merci » sur mon portable. Elle ne pouvait pas faire plus court, mais elle l'a fait, c'est tout ce qui compte.

10 - Charlotte

Je me réveille encore tout émoustillée par ma soirée d'hier et les rêves qui ont suivi. Mais bien vite mon humeur s'assombrit en réalisant que nous sommes déjà mercredi, signe que le compte à rebours « fin de vacances » est lancé. Je me jette sur mon téléphone, espérant y trouver un petit mot de Greg, mais mis à part un texto d'Adeline, pas de nouvelle de mon voisin torride...

> Salut morue, comment vas-tu ? Ici, c'est Super-Besse quoi... il fait beau, mais oublie le maillot, fait trop frisquet dans les hauteurs pour espérer prendre des couleurs ou piquer une tête dans un lac... Alors, quoi de neuf ? Trop occupée pour penser aux copines ? ;-) **<**

Elle ne perd pas le nord la connasse !

> Coucou ! Ravie de voir que pour une fois je vais revenir plus bronzée que toi ! Tout va bien, il fait beau, chaud et je m'occupe comme je peux. Et NON, je n'oublie pas les copines ! **<**

Quelle menteuse je fais... Depuis hier après-midi, je dois bien admettre que je n'ai pensé qu'à moi, à.... Greg, ses avant-bras et sa bouche sur la mienne... Pfiou, voilà, j'ai chaud !!!

Allez, Charlotte, fais-moi rêveeeeer !!

Bon, je ne peux pas tenir ma langue plus longtemps. Cela dit, je vais garder les détails pour moi sinon, malgré ses tentatives de me pousser dans les bras du premier venu, j'aurai droit à une mise en garde.

> OK, t'as gagné, y a un voisin bien sympathique... **<**

Sa réponse ne traîne pas.

> OMG ! « sympathique », tu te fous de ma gueule !! Développe ! **<**

Voilà, du « Adeline » tout craché, impatiente et curieuse.

Si elle savait que l'ex et les enfants étaient là aussi... J'me marre toute seule en me disant que c'est tout de même très pathétique tout ça, mieux vaut faire preuve d'autodérision !

> On a discuté deux ou trois fois, pris un verre hier. Sympa, beau gosse, voilà quoi. Il a mis sa langue dans ma bouche, m'a effleuré les nichons, mais c'est tout. Mathieu, les biquets, ça va ? <

Oh, bordel, je suis fière de moi ! Simple, efficace, détachée. De quoi lui faire péter une pile. J'en peux plus de moi !! *Rires hystériques.* La réponse d'Adeline ne se fait pas attendre.

> Ah ouais ? Bah, t'as pas l'air emballée plus que ça... suis déçue... Mathieu te passe le « bonjour » et les enfants... des enfants en vacances quoi, tu vois le genre ? <

Merde alors, là, c'est moi qui vais débloquer. Elle ne creuse pas, même pas un « tu n'as pas une photo ? ». D'ailleurs, il faudra que j'y pense à ça... Tel est pris qui croyait prendre, je lui fais une bise et lui promets de l'appeler avant la fin de la semaine.

Avec tout ça, la matinée est déjà bien avancée. Mon envie de balade a dû rester sous la couette, ce sera donc farniente et bain de soleil pour aujourd'hui. Mais avant toute chose, petit-déj' en terrasse sur fond musical pour un parfait début de journée. Entre une gorgée de café et une bouchée de pain grillé, je ne peux m'empêcher de rêvasser, mon esprit s'égarant dans ce que j'ai pu ressentir dans les bras de Greg sur cette même terrasse. J'ai l'air ridicule de ne pas être foutue de tenir un contrat signé avec moi-même. Vacances en solo, ce n'était pourtant pas si farfelu ! Quelques œillades, une bouteille de rouge et un putain de regard ont suffi à me trahir. *Qui disait « Promis, je ne craquerai pas ! » ?* Je suis désespérante...

Rien de tel que les tâches ménagères pour vous remettre les idées au clair ! Bon, accessoirement, c'est mieux de ne pas virer grosse dégueulasse en sept jours de congés. Qui dit milieu de vacances, dit linge à laver. Chargée de lessive, sous-vêtements, shorts et autres débardeurs, je me dirige donc vers la buanderie. Je me retrouve comme une idiote devant cette machine à laver digne d'une collectivité. Malgré tout mon potentiel intellectuel, mes compétences ménagères, ou encore ma bonne volonté, je dois me résoudre à cette triste constatation : j'ai l'air d'une poule devant une fourchette ! Fort heureusement, j'ai quelques ressources, enfin... le camping est équipé de grands bacs... Je vais donc sortir l'huile de coude pour procéder à un lavage méthodique, à la main. *J'en rêvais !*

C'est dégoulinante d'eau savonneuse, transpirante, mais surtout rageuse comme rarement que je réponds à la question suivante : « *c'est à toi ?* », par un cinglant « *quoi ?* ». Avant de me retourner et de tomber nez à nez avec Greg, jouant avec MON string noir sur SON index.

— Bonjour, Cha, tu vas bien ?

— Euh, hum, oui, comme tu vois, ça va super. Et toi ?

— Ça va, je te remercie. Tu ne m'as pas répondu, c'est à toi ? demande-t-il, en continuant à faire danser ma lingerie autour de son doigt.

— Oui, à moins que tu aies le même, lancé-je, insolente.

— Désolé de décevoir un fantasme, mais non, je n'en porte pas. Pour tout dire, je mets rarement des sous-vêtements.

Oh mon Dieu ! Il me sort ça comme ça ! Je vais me liquéfier devant cette étendue de linge mal essoré, c'en est fini pour ma dignité.

— Ah, eh bien, au moins tu fais des économies de lessive.

Super Charlotte, mais encore ?

Grégoire est à présent plié en deux, mort de rire suite à ma réplique on ne peut plus recherchée. Ce son me fait craquer un peu plus pour cet homme, sur lequel je me jette pour fondre sur ses lèvres appétissantes. Sans plus attendre, mon fameux string tombe au sol et deux mains puissantes me saisissent la taille pour me déposer sur le plan de travail sans jamais laisser ma bouche.

Un grand bruit me fait sursauter et interrompt notre baiser.

— Pas de panique, j'ai juste claqué la porte, me rassure-t-il avant de me dévorer le cou.

Greg s'installe entre mes jambes tandis que ses bras viennent entourer le haut de mon corps, faisant de moi une toute petite chose affamée de lui. C'est trop ! Trop bon, trop intense et trop peu à la fois. Ses paumes parcourent mon corps comme personne n'a cru bon le faire avant, avec autant de douceur que de fermeté, pendant que sa langue me goûte, passant de mon oreille à ma gorge pour finir sur l'arrondi de mes seins. Tel un gâteau qu'on dévore, je me laisse faire et profite de ce moment torride, en caressant maladroitement son dos et ses épaules robustes, ne rêvant que d'une chose : qu'il entre en moi !

11 - Grégoire

Putain ! Achevez-moi ! J'ai imaginé son corps entre mes bras toute la nuit, alors la sentir à présent aussi réceptive est au-delà de mes espérances. Ses formes semblent avoir été créées pour mes mains, sa bouche insolente pour la mienne et que dire de ses petits couinements ? Grrr, j'en veux plus !

Appuyant mon bas-ventre contre le sien, je la sens se raidir tandis qu'elle rompt ce que je qualifierais de baiser le plus sensuel de toute ma vie. Elle chuchote de ses lippes gonflées par les miennes :

— Quelqu'un pourrait entrer.

Un tour d'horizon m'informe que mise à part la porte que je viens de claquer du pied, il n'existe pas d'autre moyen d'être surpris. Nous sommes d'ailleurs plongés dans une semi-obscurité. Et puis merde. Je n'y tiens plus, mais ne peux la laisser avoir peur maintenant. Je chope tout ce qui me tombe sous la main afin de bloquer l'accès et retrouve Charlotte dans la même position, sur ce plan de travail, les jambes écartées pour moi. Je reprends place tout contre sa chaleur, plonge dans ses yeux en replaçant une mèche de ses cheveux. Ce qu'elle est belle !

— Tu me fais un effet de dingue, Cha.

— Toi aussi, me confie-t-elle en rougissant avant de se blottir dans mon cou.

Je poursuis, mais y mets plus de douceur, de langueur, espérant secrètement qu'elle me supplie de la prendre, là, dans cette cahute pleine de bordel. Moi qui n'ai connu que du sexe « pépère », refoulant mes envies et fantasmes pour répondre aux attentes de mon ex, j'ai l'impression de me réveiller après des années de frustration.

Je me recule, me sentant soudain trop vêtu pour ce que j'entreprends.

J'ôte mon t-shirt sans me détourner de ce regard qui m'excite autant que tout ce qu'elle m'offre. Je l'interroge silencieusement en attrapant le bas de son débardeur, et son léger hochement de tête m'autorise à la délester de son vêtement qui cache ses seins tant convoités. Il n'en faut pas plus pour relancer la bête qui est en moi. Après son haut, c'est au tour de son soutien-gorge de disparaître et de me donner accès à ses tétons prêts à être mordillés. Essoufflée, affamée, elle plaque mon visage sur sa poitrine tendue. Ses gémissements m'encouragent et son corps qui se tortille contre le mien – cherchant un frottement libérateur – me fait grogner comme un animal en rut. Si elle continue, je vais jouir dans mon froc !

— Si tu veux que j'arrête, dis-le maintenant, parce qu'après je ne réponds plus de rien, soufflé-je en espérant qu'elle me supplie de poursuivre.

— Surtout pas, continue, Greg, réclame-t-elle en resserrant sa prise dans mes cheveux.

Après avoir aspiré, sucé, mordillé l'un et l'autre de ses globes, je réponds aux appels de son corps. Je m'attaque au bouton de son short tandis qu'elle me dévore des yeux, fiévreuse. Je stoppe net en découvrant l'absence de sous-vêtement, quand elle me sort tout naturellement :

— Désolée, fallait vraiment que je fasse une lessive.

— Ne t'excuse jamais pour ÇA ! lâché-je avide de son sexe épilé.

Elle se soulève pour me faciliter la tâche, et aussitôt l'obstacle évincé, je m'agenouille pour prendre soin de cette chatte qui appelle mes mains, ma bouche. *Ah bordel !* Elle réagit à la moindre caresse. Elle gigote au rythme de mes doigts qui la découvrent et cherche à raffermir le contact entre ma langue et sa peau, là, si près de son intimité que je me plais à effleurer en la contournant volontairement. Il ne lui en faut pas plus pour se tendre et se libérer enfin dans un orgasme quasi silencieux, mais qui me donne le sentiment d'avoir gagné au loto ! Les joues rougies, les jambes tremblantes, elle se penche tout en englobant mon visage. Si les baisers échangés plus tôt ont été magiques, celui-ci, waouh, il est… Je n'ai pas les mots ! Elle s'accroche à moi comme à une bouée de sauvetage. Mais à ce moment-là, je veux bien être n'importe quoi pourvu qu'elle continue.

Quand je pense être au comble de mon excitation, elle se laisse glisser au sol. À genoux, tout comme moi, elle m'embrasse de nouveau à en perdre haleine, puis m'oblige à me relever.

Je m'exécute ne pouvant masquer cette érection qui ne cesse de pulser à me faire mal depuis que je suis entré dans cette buanderie. Tout en me fixant, gourmande et espiègle, elle descend mon bermuda faisant apparaître ma queue en transe. Sans crier gare, elle saisit mon membre gorgé de tout mon désir pour elle, et se joue de moi comme je l'ai fait plus tôt, me masturbant tout en baladant le bout de sa langue tout proche, et en même temps pas assez, de mon sexe, ses billes toujours ancrées aux miennes. Comme tout homme normalement constitué, j'aimerais connaître la sensation que me procurerait la pression de ses lèvres, mais le besoin de me déverser en elle devient plus fort. Hors de question d'éjaculer dans sa paume ou dans cette bouche sans avoir connu le confort de son sexe. Je me retire de sa prise ferme en glissant mes doigts dans ses cheveux que j'imagine empoigner lors d'un prochain rendez-vous, et la fais se relever. Ses mains coulent de mes pectoraux à mes abdos, viennent griffer mon dos pendant que je la gratifie de chastes bisous. À ma grande surprise, c'est elle qui donne le coup de sifflet suivant :

— Je veux te sentir en moi, Greg, tu as un préservatif ?

Sans lui répondre, je me rue sur mon bermuda, à la recherche de mon portefeuille pour dénicher le Saint Graal. Elle ne me laisse pas le temps de dire ouf, que déjà, mon sexe se vêt de caoutchouc. Jamais enfiler une capote n'avait été aussi chaud ! À voir ses petites mains entourer ma queue et dérouler le latex, j'ai l'impression de redevenir cet ado devant sa première paire de nichons ! Le feu s'empare de moi, et je lis en elle la même fureur, le même besoin de ne faire qu'un. Je la soulève et l'empale sur ma hampe en un soupir de soulagement réciproque, cramponnant ses fesses délicieuses que je me promets de croquer bientôt.

Putain de bordel que c'était bon !

Nous sommes arrimés l'un à l'autre, le souffle encore erratique, nos corps engourdis, mais tellement satisfaits. À présent presque timide, Charlotte semble ne pas pouvoir soutenir mon regard. Elle paraît prendre la mesure de ce que nous venons de vivre.

— Hey, ça va ? lui demandé-je, sur la réserve.

Elle hoche simplement la tête, rougissant et détournant la tête comme gênée de la situation.

— J'en ai rêvé toute la nuit, Charlotte, je pense même depuis samedi dernier, lui avoué-je.

— Ah oui ? questionne-t-elle en se redressant face à moi.

— Je crois que tu ne te rends pas compte de ce que tu dégageais avec tes tongs dépareillées, expliqué-je moqueur.

Ma boutade a le mérite de la dérider, puisqu'elle me lance ce sourire en coin qui fait pétiller ses yeux.

— Tu étais obligé de me ressortir ce moment honteux ? me lâche-t-elle en me donnant une tape sur l'épaule.

De ma main, je la rapproche de moi pour l'embrasser aussi tendrement que possible alors que nous sommes encore nus.

— On a vraiment mis un sacré bazar, constate-t-elle après s'être détachée de mes bras. Elle observe plus attentivement la pièce, puis ajoute en riant.

— T'as sincèrement cru qu'une planche à repasser, un aspirateur et un balai-brosse nous protégeraient d'éventuels curieux ?

Je me marre à mon tour en voyant qu'en effet, dans mon empressement, je n'ai pas vu le ridicule de ma barricade. Mon rire redouble, suivi du sien, en apercevant le loquet que je lui pointe du doigt.

Un instant de flottement plus tard, nous nous rhabillons, non sans quelques baisers volés. Puis nous remettons de l'ordre dans cette pièce un peu glauque pour nos premiers ébats... Mais l'un comme l'autre, nous étions bien trop submergés par nos corps en ébullition pour nous refréner malgré l'endroit.

— Oh la la, et il faut encore que je finisse ça, dit-elle navrée en me montrant son linge encore trempé.

— Pourquoi n'as-tu pas utilisé la machine ?

— Avec toute la maladresse dont tu as été témoin, tu oses poser la question ?

Je jette un œil à ladite machine et trouve le mode d'emploi. En deux temps, trois mouvements, le programme se déclenche, laissant une Charlotte admirative et moi, benêt, devant tant de reconnaissance.

— Tu as décidément bien fait de venir par là, lance-t-elle amusée.

— Tout le plaisir était pour moi, répliqué-je avec un clin d'œil appuyé.

« Comment ne pas craquer ? » je l'entends murmurer.

12 - Charlotte

Euh, on en parle de la buanderie ?

Jamais je n'ai vécu un moment pareil ! Soyons honnêtes, le mec est beau, le mec est intelligent, poli, mais je ne pensais pas qu'il pouvait être si torride ! Même avec le baiser d'hier, déjà sensuel à souhait, je ne soupçonnais pas autant de virilité et de tension sexuelle chez lui. À croire qu'ils sont deux, un qui gère la tête, un qui gère le corps. Non, non, je sais, il se transforme quand ses hormones s'affolent, une sorte de Hulk ! *Oh merde, il me fait devenir folle !* Après cette entrevue hors du temps et de toute espérance il est sorti le premier, non sans me proposer de nous retrouver à mon chalet ce soir, une fois ses enfants couchés.

Tout ça me laisse des heures entières à me retourner le cerveau en imaginant ce qu'il pourrait me faire plus tard. Forcément, la présence de son ex et de ses enfants m'amène à me poser mille questions, tant sur le moment présent que sur la possibilité d'un avenir.

Et voilà, la romantique fait son apparition...

J'hésite à appeler Adeline ou Flora pour déverser toutes mes interrogations. Elles pourraient m'aider à y voir plus clair... Mmh, non. Je me ravise ayant peur qu'elles brisent mes espoirs ou au contraire les décuplent. Je me laisse alors porter durant les heures qui suivent, tantôt flottant sur mon nuage, tantôt digérant la réalité de la chose. D'ailleurs, en parlant de réel, je dois étendre mon linge...

Mes tâches enfin finies, je bulle le reste de la journée, surveillant mon téléphone telle une adolescente attendant des nouvelles de son amour de vacances. *Pathétique...* Croyez-moi « pathétique » n'est qu'un euphémisme quand, à 20 h 30 passées, je guette mon portable et ma satanée porte dont personne ne franchit le seuil. La solitude ne m'a jamais autant pesée. Alors Messenger à portée de main, je contacte mes deux morues sur notre groupe de discussion.

> Mayday mayday !! Que fait-on quand on a pris un pied d'enfer, mais que le gars ne donne plus signe de vie ? <

Aussitôt le message envoyé, une sonnerie m'annonce le démarrage d'une conférence vidéo. Mes folasses hurlent en même temps :

— C'est quoi le délire ?

— Bon, reprenons depuis le début, proposé-je.

Je leur raconte TOUT ! Le moindre détail depuis mon arrivée au camping y passe. La rencontre, la soirée imbibée, la piscine, la bouteille de rouge et même la buanderie. Bah ouais, on s'dit tout !

— Ah ouais quand même ! me sort Adeline.

— On peut savoir ce que tu attends ? Appelle-le, envoie-lui un texto, lance des signaux de fumée, bouge quoi ! me brusque Flo.

— Putain, mais t'as décroché quand je parlais de son ex et de ses gosses ou quoi ? m'énervé-je.

— Calme-toi. Apparemment, le mec est à fond aussi. Alors, peut-être qu'il est dans le même état que toi à l'heure qu'il est, non ? me répond Flora.

— Pas faux, renchérit Adeline.

— Arfff, ça me saoule !! Vous avez peut-être raison... Mais il avait proposé de nous voir ce soir. Si vous saviez... Jamais on ne m'a autant émoustillée. Je suis dans la merde, les filles, c'est officiel, avoué-je, vaincue.

— On est deux alors.

Oh putain, cette voix !!

— C'était qui ça ? demande Adeline.

— Je vous laisse, les filles, bise, dis-je en raccrochant.

Je n'ose pas le regarder, ni même parler. Heureusement, il semble plus disposé à rompre le silence que moi.

— Alors comme ça, t'es dans la merde ? m'interroge Greg.

Je me retourne au son de sa voix, et le découvre toujours aussi charmant. Sourire carnassier, lunettes de soleil perchées sur le dessus de sa tête, il est vêtu d'un bermuda noir et d'un t-shirt blanc au col en V.

Ah non, pas V !! Ça me fait penser à un autre endroit de son anatomie, j'suis perdue, j'vous dis...

— À toi de me le dire ? Et, tu jures maintenant ?

— Oui, ça m'arrive, surtout quand je suis dans la merde aussi, me lance-t-il en appuyant ses dires d'un clin d'œil.

— Ah… euh…

Bordel ! Sors-toi les doigts et fais briller ton côté cérébral, Charlotte !!

— On discute de ça autour d'un verre ? Tu bois quoi ? je me ressaisis.

— Je n'ai pas très soif, à vrai dire, mais tu as l'air d'avoir besoin de te rafraîchir les idées, alors va pour une bière, si tu as.

Quel con ! En même temps, je dois être rouge pivoine, voire violette de gêne et de désir. Je me dirige vers le frigo pour prendre nos deux boissons quand il me retourne en me plaquant contre la porte de celui-ci.

— Bonsoir quand même, me dit-il avant de m'embrasser doucement, presque chastement, en recalant une mèche de mes cheveux derrière mon oreille.

Il me relâche et me laisse, toute chose, poursuivre ma tâche pendant qu'il se dirige vers la terrasse. *OK, fais comme chez toi…* Je le rejoins en lui demandant s'il ne craint pas d'être vu en ma compagnie.

— Cha, je crois que c'est toi qui le crains, non ?

— C'est-à-dire que la situation pourrait être… bizarre, glissé-je timidement.

— Tout est clair pour tout le monde, même si je garde certains détails pour moi. J'ai mis cartes sur table avec Nathalie hier soir. Nous avons éclairci la situation avec les enfants aujourd'hui. Il était nécessaire que les choses soient dites, qu'ils comprennent que leurs parents ne vivront plus jamais sous le même toit. Cela dit, si ça peut te rassurer, à l'heure qu'il est, mes enfants ne sont plus dehors, dit-il sûr de lui.

— Ah…

— Et puis, en quoi la situation serait-elle bizarre ? On est juste là, tranquillement installés à boire un verre, ce n'est pas comme si on s'occupait de ton linge, plaisante-t-il en forçant le sous-entendu.

— Vu comme ça, en effet. J'admets que je serais plus à l'aise dans un lieu neutre, ici, je me sens, comment dire…

— Épiée ?

— Oui, voilà, c'est le mot.

— Finis ta bière, j'avais prévu de te kidnapper pour la soirée de toute façon, finit-il par répondre à ma requête muette.

Je crois n'avoir jamais bu aussi vite de ma vie, puisque quelques minutes à peine après sa proposition, nous voilà déjà dans sa voiture pour une destination inconnue.

13 - Grégoire

C'est grave, docteur ? La savoir à mes côtés dans ma voiture fait naître en moi de drôles de sensations... Mais celle qui en ressort haut la main est bien celle de la liberté !

Les points sur les « i » et les barres sur les « t » ayant été mis avec Nath, et le déroulement de notre futur quotidien éclairci auprès des enfants, je me sens un homme neuf. Je suis au clair avec moi-même comme rarement je l'ai été. Seul hic, la belle à côté de moi, bien que plus détendue, Charlotte n'a pas l'air aussi sûre d'elle que moi. Plus les minutes passent, plus je me demande si je ne me berce pas d'illusions quant à ses attentes.

Je ne dis pas que je me vois déjà vivre avec elle, non ! Mais j'avoue espérer que cette histoire perdure au-delà des vacances.

— Alors, où m'emmènes-tu ? me demande-t-elle soudain.

— Au bord de l'eau.

— Tu as remarqué qu'ici il y en a partout... de l'eau ? Piscine, rivière, on n'en manque pas, dit-elle en riant.

— Tu sais y faire pour me couper la chique, m'empressé-je de lui répondre, une main sur le volant pendant que l'autre passe dans mes cheveux, gêné.

— Je plaisantais, Greg, je pensais juste détendre l'atmosphère.

— Mais je suis très détendu, moi.

— Dit-il en me guettant du coin de l'œil, me coupe-t-elle. Laisse-moi rire, tu n'es pas plus serein que moi. C'est bien normal après tout. Tu devrais peut-être me ramener d'ailleurs, on va droit dans le mur entre ton ex flippante, ta vie de famille fraîchement chamboulée.

Bordel, mais à quoi elle joue ? Je m'arrête sur le bas-côté, me détache et me tourne vers elle, passablement énervé, mais bien décidé à connaître le fond du problème.

— Oh, on s'calme ! T'as entendu les mots « vie commune » ou « mariage » sortir de ma bouche ? Non, alors, putain, arrête de flipper ! Et puis tu lis dans les pensées depuis quand pour me dire ça ? Pour info, ton radar déconne à plein tube ! JE suis serein, JE suis détendu ! Mais toi, depuis tout à l'heure, t'es tendue comme un string, alors oui, ça commence à me monter sérieux parce que je ne comprends pas !

— Waouh !! Tu es finalement comme tout le monde, ça alors... Je ne te croyais pas capable d'aboyer sur quelqu'un, qui plus est en jurant !

— C'est quoi ces conneries ? m'emporté-je, encore bien furax.

— Toi et ton air si sage et calme, jamais un mot plus haut que l'autre, toujours poli. C'est ce que je pensais, Hulk, conclut-elle tout bas.

— Qu'est-ce que Hulk vient faire là ? Cha, il me semble que j'ai droit à une explication de texte, là !

— Euh, hum... bah, tu vois, d'apparence tu ne ferais pas de mal à une mouche ni ne choquerais une vierge, mais il suffit d'appuyer sur un point sensible et tu montes dans les tours. Je n'ai fait qu'une suggestion, une réflexion qui mérite d'être soulevée. C'est vrai, quoi, je sais qu'on se connaît à peine, mais on va où nous deux ? Parce que les histoires sans lendemain, très peu pour moi et les histoires à emmerdes encore moins.

Je la détache à son tour, la rapproche de moi, si près qu'elle pourrait se glisser sur mes genoux, et colle ma bouche à la sienne pour arrêter ses délires. Ses lèvres me cèdent la place rapidement, ma langue retrouvant la sienne dans une danse délirante et fiévreuse. Elle aventure ses mains sous mon t-shirt, griffant mon dos délicieusement tandis que je maintiens sa nuque en place tout en faisant courir mon autre main sur sa cuisse. Ralentissant le rythme, je lui murmure :

— Eh, là, vers quoi on se dirige ?

C'est plus fort que moi, il fallait que je la taquine sur le sujet. Visiblement, elle ne réfléchit pas lorsque nos corps se trouvent, je devais le lui rappeler. Tout pourrait être simple si elle n'écoutait que cette alchimie.

— Tais-toi et embrasse-moi ! répond-elle en me chevauchant.

C'est tout échevelé et repu que je m'affale sur mon siège, Charlotte contre mon torse encore suintant de notre « chevauchée fantastique ». C'est dingue, je ne me souviens pas avoir baisé dans une voiture. À trente-deux ans, ça ferait presque de la peine. Il était temps que Charlotte entre dans ma vie.

Après m'être débarrassé de mon préservatif et chacun de nous ayant retrouvé nos fringues, elle regagne son siège, un œil curieux posé sur moi quand son rire résonne soudain dans l'habitacle.

— Génial, c'est moi qui te fais rire ou j'ai raté un truc ? demandé-je.

— Je me disais juste que te comparer à Hulk est définitivement bien trouvé.

— Hum... Permets-moi d'en douter.

Décidément, les femmes ont le don pour faire du mystère...

— Allez, emmène-moi au bord de l'eau, Greg, répond-elle d'une voix douce en me caressant la joue.

Nous voilà donc en route pour regagner un coin sympa sur les rives de la Dordogne. Il fait quasiment nuit, mais heureusement j'ai de quoi nous éclairer. On aurait l'air malin de se casser la figure dans les rochers.

Arrivé sur place, je récupère la lampe torche et mon sac dans le coffre. Je n'allais pas la faire venir ici à cette heure sans prévoir de quoi se nourrir un minimum. Entre un morceau de charcuterie et une gorgée de Minervois, nous reprenons plus posément la discussion démarrée en route. Elle me fait part de ses doutes, de ses relations passées merdiques et de ses peurs liées à ma situation familiale. Au fond, je comprends. Même si au départ j'ai craint que ce soit mon statut de papa qui la rebute, j'ai bien saisi maintenant qu'il ne s'agissait pas de cela. On n'en est clairement pas à l'officialisation de quoi que ce soit, loin de là, mais nous sommes d'accord sur le fait de vivre au jour le jour et de voir où cela nous mène.

De toute façon, ce truc entre nous mérite d'être creusé malgré la fin des vacances qui arrive à grands pas.

Le reste de la soirée se passe les pieds dans l'eau à se découvrir des intérêts communs. On échange d'ailleurs quelques titres de romans, évoquons nos soifs réciproques. Elle me parle de sa vie à Angers, de ses amis, et de son boulot qui la passionne tant. Au fond, je l'envie et l'admire d'avoir su se modeler un quotidien qui l'épanouit à ce point malgré les trous du cul qui s'y sont invités. On reparle de la conversation que j'ai interrompue lorsque je suis arrivé chez elle, ce qui ne manque pas de me faire rire et de la faire rougir. Bref, un moment simple, sans faux semblants. Ça fait du bien.

Nous rentrons au camping peu après minuit, moi, ravi d'apprendre à la connaître davantage et elle apparemment rassurée par mes intentions. Enfin, je crois. Après cette journée riche en émotions et en découvertes, je n'ai pas envie de la quitter. Mais nous avons déjà franchi un cap et je ne veux pas la brusquer en m'incrustant dans son lit. D'autant qu'elle a pu me confier avoir redouté que mon regard change sur elle pour avoir « cédé rapidement » – selon ses dires – en se donnant à moi aujourd'hui. Je ne voudrais pas tout gâcher en me montrant trop pressant. Alors, après un baiser digne d'une promesse, je m'en vais retrouver mon chalet, mes enfants et… mon ex.

C'est vrai que dit comme ça, c'est vraiment bizarre…

14 - Nathalie

Il se prend pour qui en rentrant si tard ! Je crois qu'il a oublié qu'il avait une famille. Monsieur fait le joli cœur pendant que MOI je m'occupe des gosses ! Il va voir qui je suis réellement ! Jusque-là, je l'ai joué fine, feignant d'accepter ce cirque, le poussant même à culbuter sa pouffiasse. Mais cette fois, c'est trop ! Il veut une nana qui minaude, qui le fasse se sentir puissant ? Alors, il l'aura.

Cette nana, ce sera MOI !

— Non, noooon, Grégooooire !!!! crié-je, mimant un cauchemar.

Ni une ni deux, mon bon samaritain rapplique vêtu uniquement de son caleçon. Je le connais si bien...

— Qu'est-ce qui se passe ? demande-t-il l'air inquiet.

Je poursuis la manœuvre.

— Oh, Grégoire, j'ai... j'ai eu si peur, pleurniché-je.

S'asseyant sur le bord du lit, il semble soucieux de mon état. *Brave homme, toujours aussi prévisible !*

— Tu as fait un mauvais rêve ? Nath, ça va ?

Sans réfléchir davantage, je me retourne, serrant le drap contre ma poitrine nue, faussement pudique. Je viens me blottir dans ses bras si réconfortants, versant toutes les larmes que j'arrive à puiser au fond de moi. J'en profite pour discrètement faire glisser le tissu entre nous afin qu'il sente ma nudité. Rien de tel qu'un peu de peau à peau pour le décontenancer, voire l'émoustiller. Qui sait, la bête en lui pourrait se réveiller...

— Si tu savais comme je me suis inquiétée en voyant les heures défiler et toi qui ne rentrais pas. Je crois que mon sommeil en a été agité et j'ai... j'ai rêvé que tu avais un accident. Oh, Greg, qu'est-ce que nous ferions sans toi ? continué-je en tremblotant.

— Eh, je vais bien OK, dit-il en frictionnant mon dos. Tu dois réapprendre à vivre seule, Nathalie. Je ne vais plus te prévenir de tous mes faits et gestes, plus maintenant, tu comprends ?

— Je sais bien tout ça. Mais c'est plus fort que moi. Tu ne peux pas me demander de ne plus m'en faire pour toi.

Je me détache de lui, juste assez pour qu'il me voie tout entière, si vous voyez ce que je veux dire. Et j'ajoute en lui caressant la joue :

— Tu resteras toujours l'homme de ma vie, Grégoire.

Je le vois rougir en découvrant l'absence de vêtement, mais très rapidement et à ma grande déception, il se détourne avant de me répondre :

— Toi aussi, tu es importante pour moi, mais j'ai trop donné et trop souffert par ta faute. Je ne peux pas continuer alors que mes sentiments ne sont plus les mêmes. Je ne t'aime plus de cette façon-là.

Il se relève et attrape un t-shirt posé au pied du lit.

— Couvre-toi et viens, je vais faire réchauffer un café.

Fait chier ! Mais qu'est-ce qu'il faut faire pour qu'il arrête de ressasser cette merde !

Je le rejoins, seulement vêtue du haut qu'il m'a tendu, bouillonnant de l'intérieur, mais gardant ma colère pour moi. Ce qui est plutôt difficile quand je le vois sourire face à son téléphone.

Grrr, cette pétasse le tient par les couilles ! Je jure qu'elle ne tiendra pas son cœur !

— Vu ta mine enjouée, tu as dû passer une bonne soirée, le détourné-je de son portable en tentant de rester calme.

— Oui, très bonne. Toi avec les enfants, tout s'est bien passé ?

— Très bien, mais tu leur as manqué...

— Ils vont s'habituer. J'ai confiance en eux et en leur compréhension des choses. C'est à nous de faire en sorte que la situation soit claire et vivable. N'est-ce pas ?

— Hum. C'est difficile... tenté-je de répondre en minaudant.

— Je te coupe tout de suite. Oui, c'est difficile, mais on ne va pas revenir dessus. Tu as fait des choix, j'en ai fait aussi, et il faut en assumer les conséquences, l'un comme l'autre. Je vois que c'est plus compliqué pour toi et j'en suis navré, mais tu ne t'es pas posé la question quand tu te faisais sauter sur ton bureau.

— Tu sais, Grégoire, si tu y penses encore autant, c'est sûrement parce que notre histoire n'est pas vouée à finir ainsi. Laisse-moi te le prouver, on était fort ensemble, on pourrait encore l'être.

— Non, Nath. Nous n'étions pas fort ensemble, TU étais forte parce que tu savais que JE serais là coûte que coûte. Mais toi, où étais-tu quand j'ai abandonné mes rêves pour les tiens ou quand j'ai eu besoin de ton soutien ? conclut-il sévèrement en se levant.

Outch, ça fait mal ! Mon homme si sage se rebelle. Il n'a jamais eu l'air si sûr de lui, pourtant, je le connais par cœur, derrière ce ton colérique se cache de la guimauve. À moi de rectifier le tir pour le radoucir.

— Je suis désolée pour tout, sincèrement. Désolée de n'avoir rien vu, d'avoir été égoïste, lui dis-je en le retenant de quitter la pièce sans avoir bu son café.

— Je t'ai pardonné, Nathalie. Tes excuses arrivent trop tard, mais mes regrets et mes rancœurs sont oubliés. J'ai juste envie de poursuivre ma route, sans revenir sur le passé. Je souhaite ne garder que les bons souvenirs et offrir à nos enfants une séparation réussie, si on peut appeler ça comme cela.

Il pose sa main sur la mienne, me regarde tendrement, mais sans que je trouve dans ses yeux l'amour qu'ils me renvoyaient auparavant, puis ajoute le coup de grâce :

— Les vacances arrivent à leur terme et mettent un point final à notre vie à quatre, mais je crois en nous. Tu es capable, comme moi, d'avancer, de montrer à Lola et Hugo que leurs parents sont là même s'ils ne s'aiment plus.

— Mais, tu ne peux pas...

— Si, je peux le dire, on ne s'aime plus, Nathalie. C'est ton ego qui parle, ou tes remords, mais le sentiment que tu éprouves n'est plus celui de l'amour, j'en suis convaincu.

Sur ces paroles aussi tranchantes qu'inacceptables, il se dirige vers la salle de bain, sans un regard, sans un geste, mais aussi sans son téléphone...

15 - Charlotte

Ça y est, nous y voilà, vendredi, dernier jour de vacances… Aaaaaaaah, tuez-moi pour ce que je vais dire. JE NE VEUX PAS PARTIR !! J'ai bien l'air con maintenant… *Promis, je ne craquerai pas !* Ouais, bien sûr, Charlotte, on y a tous cru ! J'entends d'ici mes deux morues. Elles n'auront pas tort, c'est bien ça le pire.

Depuis notre soirée les pieds dans l'eau, je dirais que les moments passés avec Greg ont juste été au top ! Tendre, torride, passionné et attentif, mais aussi intéressant. Ce sont les mots qui me viennent pour parler de lui. Vous les voyez les étoiles dans mes yeux ? Je me sens aussi ridicule que radieuse, une vraie contradiction à moi toute seule.

Étant donné qu'il passe la semaine à venir avec ses enfants, aujourd'hui il est tout à moi. Mais j'avoue être partagée entre l'excitation et la nostalgie. Des sentiments que je n'avais pas connus depuis mon premier amour de vacances à… quatorze ans.

Il me sort de ma rêverie, tandis que nous sommes installés à la terrasse d'un café avant d'aller piquer une dernière tête en rivière.

— Alors, comment fait-on ?

— Euh… excuse-moi, j'étais partie loin, tu disais ? avoué-je, troublée par son regard interrogateur.

Il passe sa main sur ma joue, laissant traîner sa caresse jusqu'à ma lèvre inférieure, pour me ramener à lui.

— Eh, ça va aller. On va trouver des solutions, OK ? me promet-il doucement.

— Oui, je n'en doute pas. Mais j'ai un peu le…

— Cafard, termine-t-il ma phrase.

— C'est ça. Malgré moi, j'ai peur qu'une fois chacun pris dans son quotidien, cette semaine ne devienne qu'un joli souvenir, finis-je par confier.

Il rapproche ma chaise de la sienne, puis pose une main sur ma nuque et colle son front au mien.

— Je n'ai pas envie d'un joli souvenir. Tu sais, on m'a bien souvent freiné dans mes ambitions, cette fois je ne me laisserai pas détourner de mes objectifs.

— On peut savoir ce que sont tes… « objectifs » ? l'interrogé-je en glissant mes doigts dans ses cheveux.

— Là, tout de suite ? Nous allons d'abord regagner la crique. Puis, mon objectif premier sera de t'enlever ce p'tit short ridicule qui me nargue depuis ce matin. Ensuite, je t'arracherai ce t-shirt bien trop ample à mon goût, et savourer la vue. Toi, en bikini, te dirigeant vers l'eau fraîche qui fera pointer ces tétons bien trop tentants.

Je déglutis et me noie dans ce regard lubrique qui me fait face pendant que son index joue avec l'encolure de mon haut. Mon corps, ce traître, se frotte contre ma volonté à cet homme qui me déboussole complètement et qui poursuit la longue liste de ses « objectifs ».

— Je te rejoindrai à l'eau, t'entraînant avec moi dans les profondeurs juste pour le plaisir de te tenir contre moi. Tes seins contre mon torse et mes mains sur ce cul adorable. Peut-être même que mes doigts…

— STOP !! ciré-je, troublée par ses paroles.

Je me lève aussi vite qu'il m'est possible de le faire, saisissant mon sac pour payer nos consommations. Puis je me place dans son dos, les mains sur ses larges épaules et lui glisse à l'oreille :

— On y va. Maintenant. Sinon toute la terrasse va profiter de mon orgasme auditif.

Il ne lui en faut pas plus pour se mettre debout et attraper ma main pour me guider vers ma voiture, sans oublier la petite fessée qui va bien.

Cette journée est tout simplement parfaite ! Ses fameuses ambitions ont bien été tenues, et plus encore. Quand j'y repense… Pfiou, j'ai le feu aux joues ! Ses doigts se sont bel et bien perdus sous mon maillot de bain, m'amenant tout droit vers la jouissance qui avait menacé d'exploser en terrasse.

Savoir que non loin de nous d'autres vacanciers profitaient des lieux d'une tout autre façon m'a autant grisée que gênée. D'ailleurs, il en garde les marques de mes canines sur ses trapèzes appétissants et celles de mes ongles dans son dos bronzé.

Après cette baignade orgasmique, nous avons regagné la terre ferme en dégustant un pique-nique gourmand. Nous n'avons pas fait les choses à moitié pour ce repas. Au menu : foie gras, cabécou, salade verte, et pour finir, ce délicieux gâteau aux noix, un régal !

Entre deux bouchées, la discussion dévie forcément sur l'avenir. Même si j'essaie de garder la tête froide, Greg s'évertue à me rassurer. Il imagine des retrouvailles rapides et une organisation pour nous voir le plus souvent possible. Bien sûr, comme moi, il semble vouloir y aller doucement pour ne pas tomber de trop haut, juste au cas où. Mais je m'y vois déjà et ça me fait peur... J'ai le sentiment que de son côté il est plutôt zen alors que pour moi ces dernières heures ensemble ont presque le goût de la fin... Rêveuse et pessimiste à la fois, c'est normal ? Ça y est, *je suis vraiment atteinte !*

— Une heure trente de route, les doigts dans le nez, tu verras, me sort-il soudainement.

C'est plus fort que moi, j'éclate de rire en recrachant mon gâteau. *La classe, Charlotte, la classe*. Je me débarbouille et me reprends rapidement quand je constate son air outré, ou dégoûté peut-être ?

— Qui essaies-tu de convaincre ? demandé-je finalement.

— Toi, me répond-il très sérieusement. Cha, je suis certain que ça peut le faire. Ce n'est pas comme si on envisageait d'emménager ensemble, là, tout de suite. Nous en sommes juste à se promettre de se revoir, de ne pas passer à côté de ce truc qui existe entre nous.

— C'est vrai, désolée. Que veux-tu, les femmes sont ainsi. On se monte le bourrichon toutes seules comme des grandes. Une étude devrait être faite sur le sujet, du genre : pourquoi le cerveau féminin ne se met jamais sur « pause » ? J'te jure, ça mérite d'être approfondi, insisté-je en le voyant se marrer.

— Tu m'en diras tant. Donc selon toi, le cerveau masculin lui... gère parfaitement le bouton « off », c'est ça ?

— Je n'ai pas dit ça ! Je pense juste que les nanas sont davantage « prise de tête ».

— Ah, là, nous sommes d'accord sur ce point !! s'empresse-t-il de dire.

En voyant ma mine offusquée. Vous savez, les yeux exorbités et la bouche grande ouverte telle une carpe hors de l'eau, cette fois c'est lui qui est mort de rire. Je prends le premier truc qui me passe sous la main, une part de gâteau en l'occurrence, et lui étale sur la tronche en me foutant de lui à mon tour.

En fin d'après-midi, alors que nous prenons le chemin du retour, son téléphone ne cesse de vibrer sur le tableau de bord. En jetant un œil discret, ou pas, sur l'écran, je prends conscience qu'elle ne le laissera jamais tranquille... Je lui tends son portable en lui suggérant de répondre, bien que le jeter par la fenêtre pourrait être une idée alléchante... Je m'en voudrais qu'il soit arrivé quelque chose à l'un de ses enfants.

— Allô, décroche-t-il peu aimable.

— ...

— Hum, oui. Je suis sur la route de toute façon.

— ...

— OK, à tout à l'heure, finit-il pour clore l'appel.

Il garde son téléphone en main et je le vois sourire de toutes ses dents.

— Elle t'appelait pour te raconter sa dernière blague ? osé-je sans être trop sereine.

— Non, le sergent-chef s'impatiente pour préparer le départ. Mais tiens, regarde, dit-il en me montrant l'écran de son appareil.

Je détourne les yeux de la route brièvement. Oh, putain, il n'a pas osé !!! Il m'a prise en photo. Et a priori, il n'y en a pas qu'une ! Moi qui ai horreur de poser... Remarquez, tout a dû être pris sur le vif, je ne m'en suis même pas rendu compte.

— Tu as l'intention de faire un album, du style « Charlotte en vacances » ?

— Je vais faire mieux, je vais les imprimer et les coller sur le plafond de ma chambre, se moque-t-il.

— En plus, ça te fait rire ! m'agacé-je à moitié.

— Carrément ! Oh, Cha, si tu voyais la tête que tu fais. Tu n'aimes pas les photos ?

— Non, j'ai toujours une expression bizarre, c'est pas mon truc.

— Alors heureusement que je n'ai pas photographié que ton visage, me précise-t-il en haussant les sourcils, façon séducteur.

Pff, quel con, il arrive à me faire fondre en toute circonstance.

— Oh, mais merde !! J'exige de les voir en rentrant et je n'hésiterai pas à effacer celles qui ne me plaisent pas. Tant qu'on y sera, tu poseras pour moi, je dois en avoir seulement deux ou trois de toi.

Dès notre arrivée à mon chalet, je fais le point sur toutes les images me concernant, sous l'œil rieur, mais plein de tendresse de Grégoire. Il faut avouer qu'il se démerde mon mec. *Bordel de merde, ça fait drôle de l'appeler comme ça !* Je remarque qu'il en a pris à chacune de nos sorties depuis mercredi, mais aussi le soir lorsqu'il me rejoignait après le coucher de ses enfants. Je dois admettre que je n'ai envie d'en effacer aucune. Je m'en envoie même quelques-unes. C'est tellement rare que j'aie l'air « normale » sur un cliché. Certains sont un peu… tendancieux, je dirais, mais tous très jolis. Il est vraiment doué pour réussir à capter de telles images avec un simple téléphone.

— Rassure-moi, tu n'es pas un de ces pervers qui harcèlent les femmes et se cachent pour les mitrailler avec son zoom ?

À peine cette phrase est-elle sortie de ma bouche que je ris de mon propre mauvais jeu de mots. Mais mon rire se transforme en toute autre chose quand il me rejoint d'un pas félin. Ses lunettes de soleil remontées sur son crâne, un sourire ravageur aux lèvres, il me prend dans ses bras et me murmure à l'oreille à quel point je suis sublime. Mon Dieu qu'il fait chaud !!

Un baiser, des mains baladeuses et quelques selfies plus tard, il prend congé et file retrouver Nathalie et ses enfants pour préparer leur retour en Vendée. Je vais en profiter pour faire de même en attendant sa venue ce soir, pour notre dernière nuit ici. Snif.

16 - Grégoire

Je flotte sur mon nuage en regagnant le chalet, serein et impatient de voir la suite des événements. Mais là, tout de suite, ce sont les valises qui m'attendent et une Nathalie trop souriante à mon goût. L'air de rien, je lui passe sous le nez et file rejoindre Lola et Hugo qui s'activent à rassembler leurs jeux, les mines contrites en cette fin de semaine. Il faut dire qu'ils en ont bien profité, malgré des premiers jours un peu tendus, ils se sont fait des copains et ne rêvent que d'une chose : revenir l'été prochain.

— Coucou, les loulous, vous avez besoin d'aide ? leur demandé-je.

— Non, ça va, me répond Lola sur un ton bien moins enjoué.

— Maman a rangé nos habits, complète Hugo.

— OK, je vois que c'est une affaire qui roule. Je vais m'occuper de mes bagages et après soirée pizzas !

— Ouais ! Merci, papa ! me crie mon fils, les yeux remplis de gourmandise.

Je les laisse à leur rangement et vais gérer le mien qui va être vite expédié, lorsque Nath m'interpelle.

— J'ai bien entendu « soirée pizzas » ?

— Oui, j'ai pensé que finir le séjour sur une note sympa pourrait redonner le sourire aux enfants, commencé-je à argumenter.

— Très bien, ça me va, mais ce sera sans moi. Tu as profité de toutes tes soirées depuis quelques jours, ce soir c'est mon tour. Je sors, ne m'attends pas, m'annonce-t-elle gaiement.

La garce !

— Tu as pensé que c'était ta dernière soirée avec les enfants ? Ils seront chez moi pendant une semaine à compter de demain, tu t'en souviens ?

— Je viens de passer la journée avec eux et ils sont déjà au courant pour ce soir. Bonne soirée, et à demain, départ à 8 h, conclut-elle en quittant le chalet non sans un clin d'œil et un air vainqueur.

Putain !!! Jusqu'au bout, elle m'aura fait chier ! Je ne crois pas si bien dire quand je découvre que, certes, sa valise et celle des enfants sont prêtes, mais le reste… Ni une ni deux, je m'active tout en me demandant comment annoncer la chose à Charlotte. Je ne peux décemment pas l'inviter à dîner avec nous, c'est trop tôt… Mais, elle pourrait se trouver là par « hasard », non ?

Entre deux placards à vider, je l'informe par texto du changement de programme et de ma déception. J'ajoute la possibilité de se retrouver « accidentellement » sur la terrasse du resto du camping, ce qui la fait rire et la touche si j'en juge à sa réponse positive.

Voiture pleine – d'ailleurs, je me demande où et comment Nathalie est partie sans véhicule, mais ça, c'est un autre sujet – maison quasi briquée ; me voilà en direction de l'accueil avec des enfants prêts à se goinfrer. Le propriétaire des lieux nous installe face à la piscine et au seul espace fleuri et arboré du village vacances, endroit idéal pour notre dernier repas ici. Lola et Hugo ne masquent pas leur impatience tandis que je scrute les alentours à la recherche de Charlotte. Il faut croire que l'attente m'aveugle puisque c'est Hugo qui la voit approcher le premier.

— Regarde, papa, y a la dame trop rigolote, m'indique-t-il en la pointant du doigt.

« La dame trop rigolote » n'est pas le terme que j'aurais utilisé, mais il a raison, avec elle, pas d'ennui possible, elle réveille autant mon humour que ma fougue, et à la voir vêtue comme elle l'est ce soir, ce n'est pas l'envie de rire qui me vient en premier, si vous voyez ce que je veux dire… Sa petite robe rouge flotte dans l'air, ses joues prennent d'ailleurs la même teinte que son vêtement quand le vent menace de le soulever alors qu'elle s'avance timidement vers nous, son regard ne pouvant soutenir le mien. Je suis cuit ! Hugo quitte sa chaise, se précipite vers elle, et je constate avec plaisir qu'elle se détend à peine mon fils ouvre la bouche pour lui demander si elle aussi vient manger au restaurant, sûrement étonnée de voir ce petit bonhomme aussi charmé que son père. Alors que je l'entends lui répondre, je fonds un peu plus.

— Je ne sais pas, Hugo, tu crois qu'ils font des salades ? l'interroge-t-elle.

— J'en sais rien. Tu veux pas de pizza ? Moi, j'adore la pizza, je vais en manger une grande comme ça, explique-t-il en formant un cercle avec ses petits bras.

— Eh bien ! Dis-moi, tu n'auras pas mal au ventre avec tout ça ? rit-elle.

— Non, même pas. Et puis comme ça après je serai fort comme papa ! dit-il fier de lui, en me regardant, admiratif.

Quel bonheur d'être une sorte de super héros aux yeux de son fils ! Lorsque je croise ceux de ma belle, reflétant la tendresse face à cette déclaration, mais aussi son désir pour moi, j'en reste muet, voire carrément benêt et un peu à l'étroit… Décidément, ça arrive souvent…

C'est donc tout naturellement que Charlotte se joint à nous, même si elle prétexte des choses à voir avec le gérant avant d'accepter la chaise libre à notre table. Bien sûr, nos mains restent sur cette fameuse table, nos bouches loin l'une de l'autre, jugeant d'un accord tacite qu'il est trop prématuré de s'afficher devant les enfants. Qui sait, en reprenant son quotidien, elle pourrait ne plus envisager les choses sous le même angle. Et merde, je me mets à flipper ! Où est passée ma virilité ?

Bien que le dîner se soit passé pour le mieux – même si les enfants ont monopolisé la discussion, il faut bien l'admettre –, je la sens se tendre une fois le tout terminé. Je l'interroge du regard tout en permettant à mes deux bavards de quitter leur chaise pour un dernier tour de toboggan ou de balançoire.

— Je vais rentrer, Greg. J'ai encore deux ou trois choses à remettre en ordre et puis, vous partez tôt, je ne veux pas vous retarder, me souffle-t-elle songeuse.

— Cha, je sais que la soirée ne se passe pas comme prévu et j'en suis le premier désolé, crois-moi, mais je pourrais peut-être te rejoindre plus tard, lui suggéré-je.

— Et risquer de prendre la route avec un certain manque de sommeil ? Non, je m'en voudrais trop. On va s'en tenir à nos projets, on s'appelle pour finaliser tout ça, d'accord ? m'annonce-t-elle en se levant.

Je lui attrape la main in extremis, un peu énervé de ce départ soudain :

— On ne va quand même pas se quitter comme ça ?

Après avoir vérifié rapidement qu'aucun curieux ne zieutait vers nous, je la prends dans mes bras et l'embrasse tendrement. Contrairement à d'habitude, elle se détache de moi hâtivement en me regardant tristement et conclut nos vacances :

— À très vite, Greg.

Je reste là comme un con, la main levée en signe d'au revoir alors qu'elle me tourne déjà le dos. Putain ! Pourquoi ai-je la très désagréable impression que je ne la reverrai plus ?

17 - Charlotte

4 août 2018

Voilà, je suis chez moi depuis peu, seule. Je dirais même désespérément seule après ce trajet retour interminable, une nuit d'insomnie où mille questions m'ont hantée, après avoir feint le sommeil lorsque Greg est venu gratter à ma porte... Je vous entends d'ici, me demandant pourquoi ne pas lui avoir ouvert. Eh bien, tout simplement parce que lui dire au revoir sans avoir la certitude que cette histoire mènera à quelque chose de concret m'était impossible.

Alors, oui, j'ai pleuré, oui, je m'en suis voulu et peut-être encore maintenant, mais non, je ne pouvais pas risquer de fondre encore davantage pour cet homme à quelques heures du départ. Bon, ça, c'était sans compter sur sa manie du Post-it...

[Charlotte,

J'espérais te trouver éveillée et pouvoir passer cette fin de nuit avec toi, mais visiblement tu as trouvé la solution pour mettre ton cerveau en pause et t'endormir... Ce n'est malheureusement pas mon cas ce soir, le mien tourne en boucle. La seule chose sur laquelle je n'ai aucun doute, c'est ce truc entre nous qui mérite qu'on s'y attarde. Alors, surveille ton téléphone, attends mes appels et s'il te plaît, réponds-y.

Je t'embrasse et me languis déjà de te retrouver. À très vite. Greg]

Alors qu'est-ce que je disais ? Il est fort, hein ? Pff, me voilà dans de beaux draps... D'autant que depuis la lecture de ce message, je fais ce qu'il me dicte. Je surveille mon téléphone, mais rien, nada, que dalle ! Je tente en vain de m'occuper l'esprit, hésite à contacter mes folles préférées, range ce qu'il y a à ranger, bref, je comble ce vide auquel je ne m'attendais pas. Je n'ose pas prendre les devants alors que l'autre garce est possiblement toujours avec lui, je ne voudrais pas lui donner l'opportunité de se mêler de nos échanges. Donc... cette p*** de patience est ma nouvelle meilleure amie, contre mon gré.

Épuisée par cette journée, je finis par jeter les armes et m'affale sur mon canapé. Mon salon a toujours été la pièce la plus agréable de mon appart›, celle qui me ressource. Les trois murs que j'ai peints en blanc et le quatrième en taupe pourraient sembler ternes, presque froids si le mobilier ne venait pas apporter cette touche de chaleur que j'affectionne tant. Parquet de différentes teintes de bois, meubles de style industriel, canapé moelleux et gros pouf se confondent à merveille avec ma bibliothèque bien fournie. Le tout parsemé de pointes de couleurs grâce à mes coussins nombreux et à quelques bougies disposées çà et là. Bienvenue dans mon havre de paix !

Mais aujourd'hui, je n'y trouve pas ce que je viens y chercher, trop envahie par ce portable qui ne sonne pas. Je parcours les réseaux sociaux, chose que je n'ai pas faite depuis plusieurs jours, trop occupée, si vous voyez ce que je veux dire. J'espère y dénicher quelques ragots me permettant de me changer les idées. J'apprends que mes amies sont bien rentrées, lasses, mais ravies de leur semaine de vacances respectives, que ma frangine a « pâtissé » de bons gâteaux pour mes neveux devenus si grands, et que... J'apparais dans une dizaine de publications postées par un certain ***G.Alone*** !! *What the fuck* !! Cliquant sur la première datant de jeudi dernier, je me redresse comme si on m'avait piqué le cul d'une centaine d'épines. Le CONNARD, il a osé !!

Une photo me nargue ; moi en bikini, tournant le dos à l'objectif, avec pour commentaire :

[Finalement, les vacances ne se déroulent pas si mal. N'est-ce pas là un joli p'tit lot de consolation ?]

BORDEL DE MERDE ! Plus les publications défilent, plus les remarques qui accompagnent les clichés sont graveleuses et humiliantes. Mon pouls s'accélère, ma tension grimpe en flèche. Prise de tremblements, je me lève, jette mon téléphone au travers de la pièce et file vomir le peu de nourriture mangée aujourd'hui. C'est d'une manière pitoyable, à genoux, avachie sur la cuvette des chiottes, que les vannes s'ouvrent, libérant toutes les larmes de mon corps, évacuant toute ma colère, ma honte, ma désillusion et maudissant ma putain de naïveté.

Je ne sais pas combien de temps je reste là, épuisée et désabusée, mais comme une mauvaise blague, la sonnerie de ce fumier de téléphone me ramène à un état de conscience bien trop douloureux. Je cours le ramasser pour voir qui cherche à me joindre. Quel culot ! Qu'est-ce qu'il croit, sans déconner, que je vais lui répondre la bouche en cœur ? Je laisse la messagerie prendre le relais, debout au milieu de la pièce alors que mes jambes me maintiennent dans cette position par une force miraculeuse.

Je suis vidée, j'ai mal, mal au ventre et à cet organe qu'il avait su faire battre un peu trop vite, un peu trop fort. Malgré cela, j'ai envie de savoir jusqu'où il est capable d'aller, jusqu'à quel point il peut se jouer de moi. Alors, j'écoute ce message, cette voix me dire ce que je rêvais d'entendre, j'écoute chaque mot et chaque souffle de cet homme qui à présent me poignardent au plus profond de mon âme.

« Bonjour, Charlotte. Euh... merde, j'avais tellement envie de t'entendre... Tu trouves ça pathétique si je te dis que tu me manques déjà ? Bon... Eh bien, j'espère que tu as fait bonne route et que tu as bien eu mon petit mot. Je pensais avoir un message ce matin, mais... je comprends, tu n'as peut-être pas eu le temps, enfin j'espère que c'est ça et pas autre chose ? Appelle-moi quand tu seras dispo. Je t'embrasse, je... euh... À plus. »

Moi qui croyais être à sec, mon traître de corps ne peut s'empêcher de puiser de nouvelles larmes à faire couler le long de mes joues au moment où mes jambes cèdent sous le poids des images qui me reviennent en mémoire. Non, pas celles de cette semaine romantique, mais celles qui m'anéantissent et me salissent sur les réseaux. Allongée à même le sol, j'ai envie de hurler à m'en briser les cordes vocales, au lieu de cela c'est une sorte de râle plaintif qui sort de ma bouche, son que je ne me connaissais pas.

Adieu dignité...

Si je devais faire le récit de ma vie aujourd'hui, le titre serait assurément ***Trop bon, trop con***. J'ai toujours été l'oreille attentive et la conseillère, mais je suis incapable d'appliquer mes propres recommandations. Pourtant, Dieu sait que ma famille a toujours eu un œil critique sur mes choix, ça aurait dû me mettre la puce à l'oreille. Pauvre conne que je suis... Mais non, j'ai voulu, encore une fois, me prouver que je pouvais me débrouiller toute seule, assumer mes décisions et les vivre pleinement. Voilà le résultat, mon cul court sur les réseaux autant que mes larmes sur mes joues.

Deux jours que je ne vis plus, deux jours que je tressaille et suis prise de nausées au moindre son émis par mon téléphone. Deux jours qu'il ne cesse de me harceler de messages, d'appels alors que moi, je reste là, pelotonnée dans mon salon. Je n'en peux plus, mais en même temps je suis incapable d'exploser l'objet de mes angoisses ou tout simplement de l'éteindre, le pire étant d'avoir été de nouveau consulter son profil et d'y revoir toutes ces horreurs. C'est définitivement validé, en plus d'avoir pour étiquette sur la toile « le p'tit lot de consolation » ou encore « la voisine bien roulée », vous pouvez ajouter cinglée. Incapable d'avoir une réflexion rationnelle sur toute cette merde, je reste inerte face à tout cela, dans l'impossibilité de trouver une solution pour venir à bout de cette fumisterie. À croire qu'Il m'a volé mes neurones en même temps que mon amour-propre. Les coups répétés à ma porte me coupent de ma léthargie profonde, mais mon corps ne réagissant pas, c'est un bruit de clé déverrouillant le loquet qui manque de me faire tomber du canapé. Adeline et Flora débarquent dans mon champ de vision, telles des furies.

— Ah bah, t'es pas morte ? me crie Adeline.

Un signe de tête pour seule réponse, je les observe sans les voir précisément, le brouillard qui habite mon regard depuis samedi est devenu trop épais.

— C'est quoi le délire, là ? Tu réponds plus aux messages ni aux appels, on s'inquiétait putain ! En fait, madame est tranquille dans son canapé, tu couves un truc, t'es malade ? renchérit Flo.

— Non, réussis-je à dire d'une voix méconnaissable d'avoir tant pleuré.

— Va falloir être un peu plus bavarde, cocotte, sinon je vais perdre patience ! insiste Adeline.

Je me redresse, m'installe en tailleur au milieu de mes coussins et les invite à faire de même. Sous leurs coups d'œil interrogateurs, je demande une clope à Flo, l'allume alors que je n'ai pas fumé depuis au moins deux ans et démarre mon récit en toussant, tête baissée, trop honteuse pour leur faire face. Tout y passe, du premier sourire à ma découverte de samedi.

Elles ont déjà connaissance d'une partie de l'histoire, mais aucune d'elles ne me coupe, ce qui relève presque du miracle. Je termine donc mon long monologue en résumant les différents commentaires qui polluent désormais mon quotidien. C'est seulement après un silence pesant et des regards lourds de sens qu'Adeline réagit la première. Du haut de son mètre soixante, elle se lève et me toise avec cet air hargneux qui la caractérise quand elle est hors d'elle, et m'aboie dessus. *Heureusement, elle ne mord pas !*

— Donc toi, face à ça, tu restes là sans rien faire ? Non, mais t'es anesthésiée ou quoi ? Il habite où ce connard qu'on lui règle son compte ?

C'est plus fort que moi, un fou rire me gagne tandis qu'elle gesticule dans tous les sens et que Flo me scrute comme si j'étais devenue folle. Elle n'a peut-être pas tort d'ailleurs. Puis c'est elle qui prend la parole, tout en rassemblant ses longs cheveux bruns dans une pince comme si elle s'apprêtait à mener un bras de fer.

— Ooooh ! Elle revient à la vie !! Maintenant, va falloir te bouger le cul, et pitié, dis-moi que tu as fait virer ces saloperies de Facebook.

— Euh... je ne sais pas si c'est possible, ça l'est ? Vraiment ? osé-je lui demander.

— Oh, mais c'est pas vrai !! C'est toi normalement la pro de ces trucs de merde, Charlotte ! Flo, dis quelque chose, elle nous pète une pile, là !! s'agace Adeline en me pointant du doigt.

Flora qui n'a pas l'air de se remettre de ma crédulité, tente de prendre un air serein, détaché de la situation, et reprend les rênes de cette conversation surréaliste.

— Bon, on va se calmer et regarder tout ça, OK, Charlotte ?

— OK.

J'attrape mon téléphone et démarre l'application nerveusement, tout en écoutant les explications de Flo qui est en mode investigatrice.

— Ce qui est rassurant, c'est que tu dois avoir sécurisé ton profil, donc les photos de l'autre enflure n'apparaissent pas dessus, sinon on les aurait vues nous aussi étant donné qu'il t'y a identifiée. Y a plus qu'à signaler ses publications.

— Il faut que j'aille dessus, j'imagine ? l'interrogé-je.

— Oui, c'est ça.

Tout en se penchant vers moi, elle continue à me dicter la marche à suivre, « clique ici, clique là ». En quelques minutes c'est chose faite, mais la réponse reste un peu amère « merci d'avoir signalé ce contenu, il sera examiné dans un délai de soixante-douze heures ». Au total, neuf photos vont encore circuler ainsi que les qualificatifs dégradants qui les accompagnent, allant du « charmant p'tit cul » accolé à un cliché de moi allongée sur un rocher, à « devinez qui vient de passer un bon moment ? » illustré par le haut de mon corps nu tout juste drapé, alangui sur un lit. LE lit qui a accueilli nos ébats. Je vous jure, à l'heure qu'il est, je pourrais me lancer dans l'écriture du manuel ***Comment bien se faire « baiser » en une semaine***...

— Pourquoi tu n'as pas répondu à ses appels ? Ça t'en apprendrait peut-être plus sur tout ce merdier, qui sait ? me sort Adeline.

— Non !! Je le vois déjà venir avec ses belles paroles, c'est pour ça que j'envoie direct sur messagerie.

— On peut savoir ce qu'il y dit ? s'adoucit-elle.

— « Pourquoi tu ne réponds pas ? Tu m'inquiètes. Tu me manques » et bla-bla-bla. Du flan quoi, dis-je en reprenant du poil de la bête. Il m'a bien baisée, c'est le cas de le dire, et puis voilà, fin de l'histoire. Encore un beau parleur qui use de son charme et de bons mots pour arriver à ses fins.

— Ouais... enfin, c'est quand même bizarre de continuer son cinéma tout en te placardant sur les réseaux, tente Flora.

— Le fait d'être taré peut tout expliquer aussi, suggère Adeline.

Sans me laisser le temps de répondre à cela, mon portable indique une nouvelle notification de ***G.Alone*** :

[Désolé @CharlotteD, on s'est bien amusé, mais tout vient à point à qui sait attendre.]

Celle-ci est accompagnée d'une image, des plus explicites, de Grégoire en « bonne » compagnie... Il s'est bien foutu de moi en faisant passer Nathalie pour une garce ! Il n'a pourtant pas l'air dégoûté qu'elle l'embrasse goulûment. Finalement, ils se sont bien trouvés, lui se vante de ses exploits, tandis qu'elle doit jubiler de l'avoir récupéré. À moins qu'ils ne se soient jamais vraiment quittés ?...

En tout cas, il va pouvoir changer son pseudo, il n'est pas si *alone*[2] que ça. Connard !

---

2 Alone signifie « seul ».

18 - Grégoire

Trois jours, trois putains de jours ! Je ne compte plus les appels ou messages restés sans réponse, je deviens dingue ! Le plus difficile est de devoir conserver une attitude des plus zen face aux enfants, et là, ça devient VRAIMENT compliqué !

Il me semblait pourtant que Charlotte et moi étions sur la même longueur d'onde. À croire que je me suis trompé. Remarquez, son départ précipité du dîner et le fait qu'elle ne m'ouvre pas lors de cette dernière nuit auraient dû m'alerter. Voilà ce qu'il se passe quand on s'emballe.

Pour couronner le tout, Nathalie ne cesse de me contacter, prétextant prendre des nouvelles des loulous. Entendons-nous bien, c'est une mère aimante, mais elle n'a jamais été aussi présente qu'aujourd'hui. Au lieu de m'en réjouir pour Lola et Hugo, cette attitude inhabituelle me mettrait presque hors de moi ! En fait, je crois que tout me fait chier.

Alors que je suis en train de me préparer mon énième café de la matinée, mon téléphone se met à vibrer. Quelle n'est pas ma surprise d'y voir s'afficher « Cha ». ENFIN ! J'ouvre le message et j'avoue être déçu en y voyant apparaître un lien internet. Curieux malgré tout, je clique sur l'URL et les bras m'en tombent en découvrant cette chanson que j'ai déjà entendue je ne sais où. Les paroles résonnent, m'agressent jusqu'à ce que l'envie de jeter mon portable par la fenêtre prenne le dessus.

« Tu fais l'mec qu'a des principes, mais tu penses qu'avec ta bite, bâtard. [...] va bien t'faire e******, connard » [3]

De quoi me laisser sans voix... Elle s'est emmêlé les pinceaux ou quoi ? POURQUOI m'envoyer ÇA ?

3 Therapie taxi - ***Salope***

J'avale mon café désormais froid, erre comme un con dans ma cuisine en me demandant ce que je peux répondre à ce... cette mise au point. À moins que ce soit une erreur ? Je ne la reconnais pas au travers de cet envoi. Un nouveau signal me coupe tout net dans ma réflexion, me faisant définitivement enterrer l'idée d'une mauvaise manip. Le message ne peut pas être plus clair :

> Oublie-moi ! <

OK... Mais qu'est-ce que ça veut dire PUTAIN !! Comment peut-elle passer de la Charlotte que j'ai connue à ça ? C'en est trop, ma tasse finie éclatée sur le carrelage immaculé, mes mains se raccrochant violemment à mes cheveux. Elle me fait vriller ! J'hésite entre tout foutre en l'air ou prendre ma bagnole, débarquer à Angers pour la secouer et lui rappeler ce que l'on a vécu. Cela dit, qu'elle aille se faire voir si c'est comme cela qu'elle me voit. Je me suis déjà assis sur trop de choses dans ma relation précédente pour me faire insulter aujourd'hui.

Je me suis suffisamment laissé piétiner, hors de question de remettre ça. Mais merde, je suis quand même curieux de savoir comment elle en est arrivée là. Après trois jours de silence, pour quelle raison revenir vers moi avec ce genre de saloperie ? À part me faire péter un plomb, je ne vois pas le but de la manœuvre. Eh bien, qu'elle se réjouisse, ça marche, mais ça ne durera pas longtemps.

Malgré la colère, je me rejoue mentalement nos derniers instants, nos dernières confidences dans l'espoir de trouver LE truc qui expliquerait un tel revirement. Mais rien. Je ne vois rien qui puisse justifier les insultes qu'elle me crache à la figure.

Sans me torturer davantage, je décide d'utiliser le même registre. La musique. Je vais lui montrer que je ne suis pas celui qu'elle croit. Seulement les chansons auxquelles je pense sont un peu trop fleur bleue. Le but n'étant pas de lui déclarer ma flamme, je ne sélectionne qu'une partie de ***Believer*** de Imagine Dragons.

« First things first
I'mma say all the words inside my head
I'm fired up and tired of the way that things have been, oh-ooh
The way that things have been, oh-ooh
Second thing second
Don't you tell me what you think that I can be
I'm the one at the sail, I'm the master of my sea, oh-ooh
The master of my sea, oh-ooh »
Premièrement
Je vais dire tout ce que je pense

Je suis gonflé à bloc et je suis fatigué de la façon dont les choses se passent, oh
La façon dont les choses se passent, oh
Deuxièmement
Ne me dis pas ce que tu penses que je peux être
C'est moi qui tiens la barre, je suis le maître de mon océan, oh
Maître de mon océan, oh

Envoyé. Voilà de quoi remettre les choses à leur place. En attendant, et ce malgré mon cerveau en ébullition, je profite de l'absence des enfants pour rendre l'appart' vivable.

Depuis notre retour, entre le linge, mon impatience et les appels de Nathalie, je me suis laissé déborder, je ne me reconnais plus. Alors quand la voisine a proposé à Lola et Hugo d'aller au parc de jeux avec elle et ses enfants, j'en étais presque soulagé. Je jette, nettoie, range, me défoulant par la même occasion.

Au bout d'une heure de ménage intensif, il faut me rendre à l'évidence. Mon « humble » demeure est propre, mais le bordel qui règne dans mon esprit est, lui, toujours présent. Courir me ferait le plus grand bien pour évacuer tout ça. Je vérifie auprès de ma voisine la possibilité de m'éclipser. Son feu vert à peine donné, je vais enfiler mes baskets, puis glisse mes écouteurs dans mes oreilles, mon portable dans la poche de mon short, et pars à un rythme effréné.

Musique à fond, je foule le sol au son des Imagine Dragons. La chaleur m'étouffe, mes muscles me brûlent tant je les malmène et je sens les premières gouttes de sueur dévaler le long de mon dos. Allez savoir pourquoi, ce dernier détail me ramène à la séance de lessive de Charlotte. *Obsédé que je suis !* Mais ce p'tit corps ruisselant après nos ébats hante mon esprit. Et ce fameux corps ne mentait pas, j'en suis certain, il voulait que mes mains le parcourent, que ma bouche le goûte et que je l'emplisse... *Arf ! Mayday Mayday ! On dirait que ça s'affole un peu plus au sud*. Je vais passer pour un exhibitionniste si je continue mon footing en me repassant ce genre de film. Une pause à la fontaine à eau s'impose. Je me réhydrate et en profite pour me rafraîchir les idées à grands coups d'eau sur le visage. Quarante-cinq minutes que je mets mon organisme à rude épreuve, mais pas une once de bien-être à l'horizon. Je décide de rentrer chez moi en marchant, trop frustré de ne pas avoir réussi à faire le vide.

Je ne comprends pas ce qu'il m'arrive, ce revirement me déboussole complètement. Après avoir été tant déçu par ma relation avec

Nathalie, je ne pensais pas pouvoir éprouver de telles choses. Mais il faut bien admettre que Charlotte m'a envoûté dès le premier regard, dès sa première maladresse aussi. J'en viens à me demander si, avant elle, j'avais déjà ressenti ça, ce lien inexplicable, cette alchimie.

Je sursaute à la vibration de mon smartphone qui met un point final à ma réflexion. J'attendais pourtant une réaction, un message, mais à présent j'en appréhende la teneur. Fébrilement, je clique sur l'icône et ce que je vois me confirme la nécessité de la voir.

> Grand bien te fasse !! <

19 - Charlotte

Si j'avais su que passer un moment avec les filles me ferait autant de bien, je n'aurais pas attendu qu'elles débarquent à l'improviste. Leur raconter mes déboires avec *l'autre* m'a permis de relativiser les choses et surtout de me libérer d'un poids. Celui de ma culpabilité, de ma trop grande naïveté.

Alors après avoir géré les signalements de publications, Flo a balancé LA musique qu'il fallait pour me défouler. Sautant et gueulant les paroles au milieu de mon salon telles des ados en pleine rébellion, Adeline s'est soudainement figée pour nous annoncer :

— C'est ça, Charlotte, que tu dois faire. Balance-lui la chanson à ce connard !

— Chiche ! lui ai-je répondu.

Avant que j'aie eu le temps d'attraper mon téléphone, Adeline s'en est saisi, a bidouillé je ne sais quoi dessus et a repris :

— Chiche ? Vraiment ?

J'ai acquiescé d'un signe de tête en la regardant manœuvrer sur mon smartphone.

Euh… C'était vraiment une bonne idée ? CA-RRÉ-MENT !

Je me suis bidonnée à en avoir mal au ventre en imaginant sa tronche à l'écoute de cette chanson. Mais bien vite, mes éclats de rire ont viré aux sanglots. *Ouais, pas de doute, je vais beaucoup mieux…* Heureusement que mes deux morues me connaissent bien. Elles ont, une fois de plus, eu les bons mots, gestes pour me sortir la tête de l'eau. Elles sont finalement parties en milieu d'après-midi. Après avoir décortiqué à mes côtés la réponse de… *Machin*, puis aidé à rédiger la mienne et fourni le plein de câlins, fous rires et autres délires musicaux.

Depuis, silence radio de la part de mon ennemi numéro un et tant mieux ! Il serait capable de me retourner le cerveau avec ses belles paroles ou chansons à la con. Déjà avec ***Believer***, j'étais à un poil de céder.

On est d'accord, le voir porter ENFIN ses *cojones*, ça fait presque rêver, non ? D'habitude calme et posé, il arrive finalement à dire ce qu'il pense lorsqu'on le bouscule un peu. En même temps, il ne devait pas être calme et posé en balançant mon cul sur le net ! Allez, au lieu de ressasser, je file m'affaler sur mon lit. Une sieste s'impose après toutes ces émotions et mes nuits dernières sans sommeil.

Quand j'ouvre les yeux, l'absence de lumière me surprend. Un coup d'œil à mon réveil m'indique qu'il est... *Quoi ? Tout ça ?* 4 h 55. Tu parles d'une sieste, une nuit complète, ouais ! Il faut dire que mes batteries étaient à plat. Seulement, je ne me sens pas plus en forme pour autant. J'irais même jusqu'à dire que c'est pire. Comme si le fait d'avoir dormi me renvoyait en pleine gueule les images et commentaires humiliants qui pullulent sur Facebook. Rien qu'en y songeant, une boule d'angoisse prend forme dans mon ventre et mon souffle s'amenuise.

Je tente de me lever afin d'aller boire un truc pour m'apaiser. Mes jambes flageolent, j'ai chaud, des étoiles dansent devant mes yeux et j'ai l'impression que mon cœur fait des saltos dans ma poitrine. *J'ai dû me redresser trop vite, ouais, ça ne peut être que ça.* Je m'accroche et poursuis tant bien que mal en direction de la cuisine. Presque victorieuse, j'atteins mon but et avale cul sec un grand verre d'eau fraîche. L'effet recherché est quasi immédiat. La tension redescend.

Qu'il faut être con pour se sentir si faible après une ridicule amourette de vacances ! Je devrais me sentir revigorée par cette semaine. Mais au lieu de cela, je suis en vrac à cause d'un homme qui n'a pas su garder sa bite dans son pantalon et ses aventures pour lui. D'ailleurs, je m'empresse de prendre mon portable et d'ouvrir l'appli. Il faut que je sache si mon calvaire est terminé.

Alléluia ! Les photos de moi ont bien été supprimées, ouf ! Mais a priori, il ne peut pas s'empêcher de se pavaner avec sa garce ! Il semble bien loin le temps où il n'en voulait plus, car il avait soi-disant trop souffert.

Quel con ! Il n'a vraiment pas mal au cul de faire ça tout en continuant à m'envoyer des messages. Je ne résiste plus. Je supprime mon compte et m'en crée un nouveau, réalisant que j'aurais pu faire cela bien plus tôt, puis je lui envoie un texto :

> Ravie pour vous, Mr et Mme « Alone ». En effet, je vois que tu es maître de ton océan[4]...<

Oups, l'heure n'était peut-être pas idéale pour ce genre d'envoi... Et puis merde, ce qui est fait est fait ! Tant que j'y suis, je bloque son numéro de téléphone et retourne me coucher, soulagée.

Je suis réveillée par un :

— Ça y est, tu te bouges enfin le cul ?

Merci Adeline pour ta poésie matinale !

— Hummm, qu'est-ce que tu fais là ? Il est quelle heure, bon sang ? je lui réponds encore ensommeillée.

— 11h30, marmotte.

— Ah ouais ? T'es sûre ?

— On ne peut plus sûre, madame « Cha-Alors ».

— Ah, t'as eu mon invitation ? Sympa mon nouveau profil, hein ? dis-je en me relevant.

— Ce que je trouve plutôt « sympa » c'est d'avoir supprimé l'autre. Je ne sais même pas comment on n'y a pas pensé hier. Je dois reconnaître que ton pseudo est bien vu. Allez, debout, café !

Je me lève de bonne humeur, après ces derniers jours passés dans le gaz, et je dois reconnaître que ça fait un bien fou ! Je file mettre en route la cafetière tout en prenant des nouvelles de la petite famille d'Adeline. Avec mes déboires, j'en connais un qui doit être « ravi » de gérer enfants et maison pendant qu'elle vient à mon secours. Une bonne bière, et tout sera oublié.

Finalement, elle m'apprend que Mathieu a dû retourner au boulot à cause d'un souci d'organisation et que la mère de celui-ci a proposé de prendre les enfants quelques jours.

— Donc tu vois, je suis SEULE depuis... trente minutes, et ce jusqu'à vendredi 18 h ! se réjouit-elle en regardant sa montre.

On s'installe au salon avec notre dose de caféine dans une tout autre ambiance que celle de la veille. D'ailleurs, le sujet revient sur le tapis. Curieuse de mon état d'esprit du jour, Adeline me demande s'il y a eu de nouveaux échanges avec Mr Connard. Je lui raconte donc mes découvertes nocturnes et ma décision de « blocus ».

---

4 - Référence aux paroles de chanson ***Believer*** envoyées par Grégoire précédemment.

— Tu as bien fait. Au moins, il va te foutre la paix et toi tu vas pouvoir passer à autre chose, conclut-elle.

La voilà partie dans un fou rire incontrôlable, recrachant son café dans sa paume de main.

— Putain, t'es dégueulasse !! Tu pourrais partager ce qui te fait marrer ! lâché-je en riant moi aussi.

Reprenant son souffle, elle finit par me sortir :

— Je me disais que ce qu'il faut retenir de tout ça, c'est que TOI, t'auras connu de bonnes baises pendant tes vacances.

— Ah ça, c'est certain, je ne peux pas lui retirer ça !

— Alors, pense aux copines qui, ELLES, dormaient dans des espaces réduits avec les mômes juste à côté, ajoute-t-elle avec une moue qui en dit long.

— C'est sûr que vu comme ça… Pas moyen de mettre le petit troisième en route. Y a pas meilleur contraceptif que des murs en carton et des enfants à proximité.

— T'as tout compris. Bref, je riais plus de ma condition de femme frustrée que d'autre chose, c'est triste, hein ? finit-elle par admettre.

— Mais non, vous vous rattraperez, et là c'est moi qui jalouserai votre vie sexuelle mouvementée, terminé-je, interrompue par la sonnerie de mon téléphone.

Dire que je ne savais pas que même en bloquant, je serais avertie des tentatives d'appels…

20 - Grégoire

10 août 2018

Déjà vendredi. Après une semaine un peu chaotique, mais en bonne compagnie, je vais me retrouver seul à la maison. Nathalie vient récupérer les enfants dans moins d'une heure et j'avoue que je suis partagé entre soulagement et peine. Soulagement, car malgré la colère qui persiste, je pense filer à Angers pour mettre les choses au clair avec Charlotte. Et peine, tout simplement parce qu'ils vont me manquer cette semaine. Ne les avoir qu'à mi-temps est assez troublant.

Hugo rassemble ses jeux pendant que je finis de ranger leurs vêtements tout juste lavés et séchés lorsque j'entends Lola m'appeler.

— Papa ! C'est maman au téléphone ! crie-t-elle.

— J'arrive.

Je ferme la valise et me dirige vers le salon pour prendre le téléphone.

— Oui, allô.

— Bonjour, Grégoire, euh... j'ai un petit souci, je ne peux pas venir chercher les enfants.

— Tu veux que je les emmène chez toi ? proposé-je, arrangeant.

— En fait, non. C'est plus problématique que ça. Je dois partir en mission. Je sais ce que tu vas dire, ça fait longtemps et je n'étais plus censée partir, mais... explique-t-elle en cherchant ses mots.

— Mais...

— Je n'ai pas eu le choix.

— On a toujours le choix, Nathalie ! Tu pars quand ? Pour combien de temps ? ajouté-je passablement agacé.

— Ce soir, et pour le reste, je ne sais pas encore.

— OK...

Je me contiens, les enfants étant présents, mais putain, elle me met les nerfs à vif !

On en est encore là. Des heures de discussion, des semaines à chercher des solutions, tout ça pour qu'elle plante une nouvelle fois les gosses. Fait chier !

— Avant que tu partes, j'aimerais que tu rapportes des affaires supplémentaires pour les enfants et l'ordinateur aussi. J'ai un tas de documents à transférer sur le mien. Tu peux au moins faire ça, non ? Tu en profiteras pour voir Lola et Hugo.

— Oui, d'accord.

Il manquerait plus qu'elle refuse en plus ! Sans attendre, je raccroche avant de lui rentrer dedans. C'est vrai quoi ! Quelle mère plante sa marmaille après une semaine sans les avoir vus ? Décidément, je ne la comprends plus ou ouvre enfin les yeux, allez savoir...

— On reste chez toi ? demande soudainement Lola.

— Eh oui, ma grande, vous allez devoir me supporter plus longtemps que prévu, dis-je en plaisantant pour alléger la situation.

— Ça me va à moi, j'aime bien être avec toi.

— Ah, mais moi aussi !enchaîné-je, me ruant vers elle pour une « bataille de chatouilles ».

Après un semblant de lutte, ses rires résonnent dans le salon quand Hugo nous rejoint, prêt à subir le même sort que sa sœur.

À bout de souffle, nos éclats de rire en cause, nous voilà tous les trois allongés sur le tapis. La prise de conscience n'en est que plus douloureuse pour moi. Bien sûr, je suis ravi d'avoir mes enfants, mais est-ce que leur vie va se résumer à moi ? L'égoïsme de Nathalie est-il de retour au détriment de sa famille ? Et moi, comment vais-je gérer tout ça ? Pour l'heure, je dois me ressaisir, remettre à plus tard mon éventuel séjour à Angers, mais surtout veiller à ce que ce changement de programme ne perturbe personne d'autre que moi. Alors que les enfants repartent à leurs occupations, je remets notre champ de bataille en ordre en ressassant malgré moi tout ce qui ne tourne pas rond en ce moment.

Il y a de quoi devenir dingue !

La sonnette me sort de mes interrogations. Je vais ouvrir, Hugo et Lola sur les talons. Nath est là, le teint blême et le regard voilé. De mémoire, jamais je ne l'ai vue aussi abattue. Après un câlin avec les petits et avoir déposé ce que je lui avais demandé dans le couloir de l'entrée, elle me réclame un café.

— Je suis vraiment désolée, tu sais, s'excuse-t-elle une fois installée dans la cuisine, les enfants hors d'écoute.

— Explique-moi plutôt comment on en revient à ça, alors que tout était OK ?

— En fait, j'ai pas mal déconné au boulot ces derniers temps. Tu sais, notre séparation, tout ça, c'est difficile. Je suis moins efficace, la tête ailleurs. C'est un peu un blâme cette mission, ou une mise à l'épreuve si tu veux, argumente-t-elle.

— D'accord, mais merde, ce sont ENCORE les enfants qui trinquent, et moi par ricochet. Tu y as pensé à ça ?

— Évidemment, mais là, je suis pieds et poings liés. Je n'ai pas la possibilité de refuser, dit-elle les larmes aux yeux.

C'est plus fort que moi, malgré le fait que je lui en veuille, elle a l'air tellement mal que j'ai de la peine pour elle. Cela dit, il va falloir qu'elle se bouge le cul pour que cette situation ne se renouvelle pas. J'ai bien l'intention de profiter de ce nouveau départ pour changer de voie professionnelle, mais en étant seul à la tête de cette petite tribu, l'affaire risque de se compliquer.

— Fais ce que tu as à faire, mais à l'avenir, ce serait vraiment plus confortable pour tous si ça ne se reproduisait pas.

— Oui, oui, je sais. Ils m'ont tellement manqué. Quand je pense à ce départ… Je te jure que si j'avais le choix…

Elle ne peut finir sa phrase, prise de sanglots. Forcément, la voir craquer me fait relativiser, peut-être n'a-t-elle pas pu faire autrement. Mais elle m'a si souvent menti, manipulé par le passé que la sincérité est loin d'être ce qui la caractérise à mes yeux !

Je tente maladroitement de la consoler en la rassurant sur le fait que je serai toujours là pour les enfants, quoi qu'il arrive.

Après avoir séché ses larmes, elle passe un moment avec Hugo et Lola. Elle essaie de me prendre dans ses bras avant d'atteindre le pas de la porte – ce que j'esquive tant bien que mal – et s'en va, pour on ne sait combien de temps…

En fin de journée, je m'active autour du dîner tout en réfléchissant à la semaine à venir. J'ai prévu de refaire mon CV, faire le tour des différents clichés que j'ai pu prendre ces dernières années, consulter les formations de photographe idéalement proches de la maison et susceptibles de s'adapter à ma vie de parent solo. Il est temps de renouer avec mes envies passées qui font, d'ailleurs, toujours partie de mon présent. Comme une certaine Charlotte, qui me trotte toujours en tête...

Ma messagerie est pleine de textos non lus, mais pas un seul de sa part. Putain ! Je ne sais pas pourquoi j'espère encore une explication. En y regardant de plus près, le nom de l'expéditeur m'interpelle. C'est Olivier, un ancien collègue de Nathalie, pourtant au courant de notre séparation, il me note :

> Bonjour, Grégoire, j'espère que tu vas bien.

J'ai appris pour Nathalie. Jamais je n'aurais cru ça d'elle...

Bon courage.<

Euh... C'est quoi ce bordel ? Bon, il va falloir qu'il soit plus clair avant que je me prenne trop la tête. Je lui réponds immédiatement pour qu'il m'explique clairement.

> Bonsoir, Olivier, comment vas-tu ? De quoi parles-tu ? Sa mission ? <

J'attends un long moment avant de laisser tomber et d'appeler les enfants pour venir manger. Ils doivent sentir la tension qui m'habite puisque le repas n'a jamais été si calme. Si bien qu'en quelques minutes les assiettes sont vides, le dessert avalé et la vaisselle déjà remballée. Je les autorise à regarder un peu la télé. E*h oui, les vacances sont faites aussi pour relâcher un peu !*

Le message d'Olivier tourne en boucle. Qu'a-t-elle pu faire pour qu'il reprenne contact après des mois sans nouvelles ? Visiblement, il a gardé des liens avec son ancienne vie pour me lancer ce genre de truc. Cela fait déjà deux ans qu'il a quitté l'armée pour se concentrer sur sa famille à la suite du décès de sa femme. Quand j'y repense, il en a bavé !

Ça me rend dingue de ne pas comprendre ! Je décide de l'appeler, il en a trop dit ou pas assez.

— Allô, répond-il rapidement.

— Bonsoir, Olivier, c'est Grégoire. Je ne te dérange pas ?

— Non, ne t'inquiète pas. Je t'avoue qu'après ton texto, je me doutais un peu que tu essaierais de me joindre.

— C'est-à-dire que tu m'intrigues, ou commences à me faire peur, je ne sais pas encore...

— Elle t'a dit qu'elle partait en mission, c'est ça ? me demande-t-il.

— Oui, elle devait avoir les enfants à compter de ce soir, mais a finalement annulé, mission oblige !

— Elle t'a menti, Grégoire, je suis désolé.

— Où est-elle alors ? commencé-je à perdre patience.

— Tu es assis ? Parce que tu risques de tomber des nues.

— PARLE PUTAIN ! fulminé-je en m'isolant loin d'Hugo et Lola.

Il me déballe tout. Quand je dis « tout », je veux dire qu'il ne m'épargne aucun détail...

Visiblement, la mère de mes enfants, celle que j'ai aimée et avec qui j'ai partagé ma vie m'a allègrement trompé ! Elle a également outrepassé les lois. *Rien que ça !* Usant de ses charmes et de son grade sur certains officiers depuis de nombreuses années. Elle est allée jusqu'à menacer, intimider les plus jeunes et soudoyer les plus âgés pour arriver à ses fins. Je comprends mieux certaines choses... Chaque déménagement, mutation était en fait une fuite, une esquive avant les ennuis, les plaintes. Jusqu'à aujourd'hui.

Bordel, comment ai-je pu me tromper à ce point ! Ne rien voir, rien entendre, non, mais quand même quel con !

Formatrice depuis un moment maintenant, elle a su faire perdre la tête à certains, en dégoûter d'autres, se faisant sauter comme une vulgaire salope par qui voulait sa protection. Putain, je tombe de haut ! Je finis, comme me l'a conseillé Olivier plus tôt, assis sur mon lit à l'écouter me parler des coucheries et autres mains baladeuses, sans oublier les manipulations dont elle a fait preuve.

Vous voyez la chute vertigineuse ? Celle que l'on craint en cas de phobie du vide ? Eh bien, j'y suis. Là, à regarder en arrière, toutes les fois où Nathalie m'a promis, fait miroiter, brossé dans le bon sens du poil, je revois tout.

Tout ce que je n'ai pas vu à l'instant T, celui qui aurait pu tout changer, qui aurait dû m'ouvrir les yeux sur ce qu'elle est vraiment...Une manipulatrice. Je suis hors de moi ! Dans une colère noire après elle, comme après moi. Si elle se trouvait devant moi, je ne sais pas de quoi je serais capable.

Dire que, tel un abruti fini, je la consolais plus tôt… J'écoute toujours Olivier énumérer toutes les saletés qu'elle a pu faire, me demandant si la liste est encore longue.

— Voilà, tu sais maintenant, conclut Olivier, navré.

— Je… Tu m'excuses, mais… pff, j'accuse le coup, là !

— J'imagine… Je suis désolé d'être le messager de ce bourbier.

Après un silence, le temps pour moi de me frotter le visage pour m'assurer de ne pas être en plein cauchemar, il reprend.

— Donc après les plaintes, elle a été convoquée, forcément. Même là, elle n'a pas pu s'empêcher de faire du zèle apparemment. Ce qui a fini de convaincre son supérieur d'appliquer la sanction – exclusion temporaire de ses fonctions, privative de toute rémunération – dont elle connaîtra la durée lundi. Si on se fie aux textes, pas plus de cinq jours normalement.

— Ça ne nous dit pas où elle est en attendant… Chez un psy, ce serait la meilleure idée, cela dit, je doute qu'elle en soit consciente ! ajouté-je, un brin ironique.

On fait ce qu'on peut pour ne pas perdre la face, hein ?

— Je peux te poser une question indiscrète, Grégoire ?

— Au point où j'en suis, vas-y, je t'écoute, rétorqué-je, blasé.

— C'est délicat, mais bon… Quand vous étiez ensemble, vous aviez une vie… sexuelle ? tente-t-il, gêné.

— Évidemment. Pour être franc, rien de très… « extraordinaire ». Elle n'était pas plus demandeuse que cela. J'irais même jusqu'à dire pas très active, si tu vois ce que je veux dire. Mis à part lorsqu'elle a voulu me « reconquérir ». C'était bizarre d'ailleurs, en y repensant.

Comme c'est étrange de parler de ça avec lui ! Cela dit, après ces révélations, on peut bien aborder ce sujet sans complexe. Malgré tout, je suis tellement largué que j'ai plus l'impression d'analyser à voix haute que d'en discuter avec Olivier. Je suis comme anesthésié, sous le choc.

Je m'excuse auprès de lui, mais préfère clore cet échange, en lui promettant de le rappeler plus tard. J'en ai assez entendu pour ce soir. *Quelle merde !*

Je retrouve les enfants, sagement installés sur le canapé. Et eux là-dedans… Bordel, j'ai envie de chialer, de me coller des baffes pour n'avoir rien vu venir !

Qu'est-ce que ça fait de moi, comme homme, comme père ? Putain ! Comment a-t-elle pu nous faire ça ?

— Papa, j'suis fatigué, me coupe Hugo.

— T'as raison, bonhomme, c'est l'heure d'aller se coucher. Allez, Lola, c'est valable pour toi aussi.

Je les conduis à leur chambre, zappe le brossage de dents pour ce soir, y a bien plus grave, non ?

— Maman elle a pas dit quand on irait à la maison, confie mon fils.

— Je sais, poussin. Tu sais, ici c'est ta maison aussi, tenté-je de l'apaiser, resserrant mes bras autour de ce petit corps.

— On pourra aller à la piscine demain, ou la mer ! Oh oui, à la plage ! change-t-il de sujet.

— On verra demain. Maintenant, dodo !

Après le rituel du « je t'aime jusqu'à la lune » de Lola et le « câlinguili » d'Hugo, je regagne le salon, prêt à en découdre avec l'ordinateur de Nathalie. Je suis certain d'y trouver une mine d'informations. Pour le reste, je la laisse venir. Je suis curieux de voir ce qu'elle va m'inventer, mais je l'attends au tournant. La garde alternée devra être rediscutée, hors de question que je mêle les enfants à ses merdes !

Paré d'un verre de vin, je m'attaque à la fouille réglementaire de ce PC. Je commence par son Facebook, elle a toujours été adepte des réseaux sociaux alors que ce n'est pas du tout mon truc. Je suis à peu près certain de faire des trouvailles. Tiens, mais...

Oh ! La Salope !

21 - Charlotte

Le week-end est là. Les jours défilent et se ressemblent, mais je me sens mieux. Enfin, quand je suis chez moi. Je ne sais pas vraiment pourquoi – *quoique* – dès que je passe ma porte, c'est la cata. Je crois que je flippe comme une conne à l'idée que ce tordu de ***G. Alone*** ose se pointer à Angers. Dans mon appart verrouillé, au moins, je me sens en sécurité. C'est vrai, quoi, le gars a réussi à me faire perdre la tête en moins d'une semaine, puis me mettre plus bas que terre en cinq minutes !

À présent, il semble avoir lâché l'affaire, cela dit, j'en reste chamboulée. J'ai le sentiment qu'il a bouffé toute mon énergie et mis à mal mon côté rationnel en faisant remonter à la surface tout ce qui me ronge inconsciemment depuis si longtemps.

Alors, à chaque sortie, le schéma se répète. Mon cœur s'emballe, ma bouche s'assèche, mes jambes flageolent, ma vision se trouble. J'ai cette sensation d'avoir le cerveau au ralenti, l'impression que je vais y passer ou devenir folle à lier. Je vous fais rêver, hein ? *Angoisse quand tu nous tiens*. Une vraie merde, je vous assure ! Je n'en ai parlé à personne, je me sens trop ridicule. Pourtant, j'aimerais hurler : JE NE VAIS PAS BIEN ! Mais j'ai déjà suffisamment pris la tête à Adeline et Flo ces derniers temps, pas la peine d'en remettre une couche. Je pourrais appeler ma sœur ou aller la voir, mais la psycho, ce n'est pas son truc… Je me débrouille donc avec mes états d'âme et bouffées de stress. Ça va bien s'arrêter, non ?

Pour ce soir, j'ai décidé de foutre tout ce cirque de côté et d'accepter, tant bien que mal, la proposition de mes collègues. Cécile, instit en classe de CM2, passe me chercher, puis nous retrouverons Ludo, Xavier et Clarisse dans un bar à bières. Un coup d'œil à ma montre m'indique qu'elle ne devrait plus tarder. Un peu de mascara, du gloss et mon plus beau sourire de façade collé aux lèvres, je suis prête !

Visiblement, Cécile aussi puisqu'elle s'acharne sur ma sonnette.

Je lui ouvre la porte et écarquille les yeux en la découvrant toute en élégance. Cette petite blonde à lunettes d'ordinaire vêtue de manière assez classique s'est « sapée comme jamais » ! Elle est légèrement maquillée, ce qui est rare. Elle a enfilé une robe portefeuille assez courte, mais qui met ses courbes en valeur. Ma collègue, âgée de vingt-cinq ans, est une jeune femme bourrée de complexes alors que son physique pulpeux attire de nombreux regards. Mais comme toute nana qui n'accepte pas son image, elle ne les voit pas.

— Salut, toi, tu as l'air en forme, l'accueillé-je chaleureusement.

— Oui ça va, et toi ? Et tes vacances ?

— Entre, on peut bien les faire attendre un peu. Je t'offre un truc à boire ? proposé-je.

— Non merci, je me réserve pour le bar, me répond-elle avec un clin d'œil.

Toi, cocotte, tu as une idée derrière la tête !

On s'installe sur le balcon, à cette heure-ci, le soleil ayant tourné, il y fait bon. À défaut de prendre un verre, je m'allume une clope – *oui, je sais, c'est moche d'avoir repris, mais c'est comme ça* – et réponds à la question posée plus tôt.

— Une semaine, tu sais ce que c'est, ça fait court. Le coin est sympa, le temps super, voilà quoi , lui raconté-je plus que brièvement.

— T'as l'air emballée ! me dit-elle en riant. Avoue, tu t'es fait chier, non ?

— Non, je t'assure. J'ai l'impression que tout le monde voudrait que mes vacances aient été merdiques, alors que j'ai passé un bon séjour.

C'est horrible comme situation. Je ne suis pas quelqu'un qui s'épanche facilement, mais là ça me démange, je suis à deux doigts de tout lui raconter. Pour l'éviter, j'abrège la conversation et suggère de rejoindre nos collègues. Heureusement pour mon ego, Cécile est déjà debout semblant même pressée d'y aller. *Peut-être a-t-elle enfin remarqué les yeux doux que lui fait Ludo ?*

Dans la voiture, malgré les fenêtres ouvertes, j'étouffe ! C'est reparti pour un tour ! J'essaie d'avaler une salive inexistante, mon pouls s'emballe tandis que mon corps est parcouru de légers tremblements. Ma tête tourne à mesure que les pensées négatives envahissent mon esprit.

J'ai le sentiment que tout le monde m'a vue à moitié nue sur la toile, que chaque homme que je croise me reluque. S'ajoutent à cela toutes mes failles. Celles que j'occulte d'ordinaire, celles qui font de moi ce que je suis derrière mon masque jovial : une femme avec bien peu de confiance en elle.

Au moment où je me demande si mon mal-être est visible – *honte à moi* – Cécile prend la parole.

— T'as l'air tendue, Charlotte, tu vas bien ?

— Ouais, super ! balbutié-je, fébrile.

— Pas à moi, Charlotte. Je vois bien que ça ne va pas. Tu te trémousses sur ton siège, t'as l'air prête à sauter de la voiture en marche. Y a un truc qui cloche là !

Sans savoir ce qui déclenche le torrent de larmes qui jaillit soudainement, sa tirade ou la honte qui me submerge, je ne retiens plus rien. Je craque.

— Hey, qu'est-ce qu'il se passe ? s'adoucit-elle.

— C'est ce mec... on a vécu une semaine... de dingue... et en rentrant...

Impossible de finir ma phrase, déjà entrecoupée de mes pleurs.

Elle s'arrête au premier parking venu, me tend un mouchoir et une bouteille d'eau. Je me reprends du mieux que je peux pour venir à bout de mon explication. Je ne rentre pas dans les détails comme avec Flo ou Adeline, mais suffisamment pour qu'elle comprenne ce qui me ronge.

— Ah oui ! Donc depuis tu fais des crises d'angoisse, en état de choc finalement, conclut-elle.

— Oui, j'imagine. En fait, je crois aussi que j'ai peur qu'il débarque, c'est con, hein ? Et surtout, ça a fait rejaillir tout ce qui cloche dans ma vie. Tout ce dont j'arrivais à faire abstraction, mais qui devait me bouffer de l'intérieur. Je suis en plein chaos quoi...

— J'en ai fait moi aussi, ado. Plus tu vas t'autoflageller, plus les manifestations vont te pourrir la vie. Parles-en, fais des activités qui te plaisent. Si besoin, consulte, il n'y a pas de honte à avoir, me rassure-t-elle.

— Tu as raison. Merci, ajouté-je rassénérée par ses paroles.

— Bon, prête pour te prendre une cuite revitalisante ?

— Yes ! Roule, ma poule !

Je crois qu'elle ne mesure pas l'impact de ses mots. En cinq minutes, elle a réussi à faire redescendre la pression et me voilà au taquet pour cette soirée. Une magicienne !

Si une version cinématographique de ce chapitre était tournée, vous auriez droit aux fameux « fondu et ouverture au noir ». Vous savez, la scène s'assombrit de plus en plus, puis une autre apparaît progressivement, parfois accompagnée d'un sous-titre. Ici : ***quatre heures plus tard***.

Quatre heures plus tard, ce n'est pas beau à voir ! Après avoir bu quelques nombreuses pintes, nous avons dévalisé une sandwicherie, puis avons repris la voiture de Cécile, la seule en mesure de conduire. L'alcool et la bonne compagnie aidant, mon côté festif a pris le dessus, je les ai donc invités à finir la soirée à l'appart. On y a enchaîné les verres, critiqué tous ceux qui nous gonflaient pendant que Ludo et Cécile se charmaient discrètement. Puis le moment des confidences est arrivé – surtout des miennes, il faut l'avouer – les fous rires remplaçant cette fois les larmes.

Bizarrement, Xavier et Ludo se sont montrés déterminés à démêler chaque nœud de mon histoire avec Grégoire. Leurs regards masculins ont fouillé et requestionné chaque passage, chaque détail conté entre deux rhums-coca. Malgré leurs cerveaux imbibés, ils ont finalement émis des hypothèses bien plus matures et réfléchies que celles que j'ai pu mener ces derniers jours.

Si Nathalie était la pièce qui manquait à mon puzzle ?

22 - Grégoire

Putain, mais c'est quoi ce bruit ?

Mon téléphone… À 2 h du mat' ! Qui est le con qui appelle au beau milieu de la nuit ?

— Allô ! décroché-je énervé.

— Oh, on s'détend là !

— Charlotte ?

— Ouais ! Elle-même ! Tu t'y attendais pas, hein ?

— Ah non, encore moins à cette heure-là, précisé-je.

— Ouais, bah… J'fais c'que j'peux ! Et puis merde, y a pas d'heure pour régler ses comptes, dit-elle bien trop fort, mais en cafouillant.

J'y crois pas, elle est saoule !

— Tu es où là ? Tu as bu ? osé-je demander.

— T'es d'la police ? Non, alors… merde ! Oh pis vous ça suffit aussi !

Je ne comprends rien. Qu'est-ce qu'elle fout ? Qui est avec elle, bordel ?

— Ah, ça t'la coupe ! Poooour ton infooormation, j'suis chez moi avec des potes, reprend-elle, bien éméchée.

— Avec lesquels tu as visiblement beaucoup bu.

— P't-être ouais. Mais on en vient à – hic – certaines conclusions te concernant.

Voilà qu'elle hoquette… mais dans le fond, elle me ferait presque marrer.

— Je peux savoir quelles sortes de conclusions vous avez pu tirer ?

— Bien sûuuur, m'sieur Alone.

— Monsieur qui ?

Je la laisse parler et joue l'ignorance. Après ce que j'ai découvert sur le PC de Nathalie, je veux avoir sa version. Oui, j'ai fait la connaissance de mon double, G.Alone. Je n'ai pas eu le temps de m'attarder tout de suite sur ce profil frauduleux, les enfants tout juste couchés, mais plus tard, j'y ai vu des alertes de suppressions de publications. Mystère non résolu pour le moment, je ne maîtrise pas suffisamment le sujet, cela dit, j'y reviendrai.

— C'nom te dit rien, vraiment ? Hey, les gars, putain, j'crois qu'vous aviez raison en fait !

Je serais curieux de voir ces fameux « gars » qui squattent chez elle et qui déblatèrent sur mon compte.

— Non, absolument rien. Je devrais ?

— Bah, figure-toi que ce cher Mr Alone s'est « amusé » à poster TES photos de MOI pendant NOS vacances, avec des commentaires de merde sur mon cul. Ouais, ouais, m'sieur, MON CUL ! Avoue qu'c'est toi ! Allez, dis-le, putain !

— Quoi ? Mais non ! Je t'assure que je ne suis pas ce machin Alone de mes deux ! Je te promets, je n'aurais JAMAIS diffusé ces photos.

Merde alors ! C'était donc ça... Pas le loisir de réfléchir plus longtemps, qu'on m'interpelle vivement à l'autre bout du fil.

— Ta connasse de femme, elle peut en dire autant ? me questionne une voix masculine.

— Ce n'est pas MA connasse de femme ! Elle est la mère de mes enfants, mais ça s'arrête là ! Cela dit, en effet, je pense qu'elle peut en être à l'origine. Cha, j'aimerais vraiment qu'on en reparle à tête reposée et surtout quand tu ne seras plus ivre... On peut se rappeler demain ? Je crois qu'on a beaucoup de choses à se dire.

— Ah ! On s'débine, m'sieur sexy ? rit Charlotte avant d'enchaîner. Oh, vous faites chier et ce putain de rhum dégueulasse me fait dire n'importe quoi !

— Je dérange peut-être ? Bon, je pense que cette conversation ne regarde que toi et moi, sans tes potes ! m'exclamé-je en commençant à être sérieusement gonflé par les voix qui étouffent celle de Charlotte.

— Oui, OK, va pour demain, conclut-elle en raccrochant aussi sec.

Putain ! Cette conversation était surréaliste ! Voilà de quoi bien ruminer au lieu de me rendormir…

Immanquablement, je tourne, vire dans mon lit, mon téléphone encore à la main. Au bout d'une demi-heure, je me résigne et récupère l'ordinateur de Nathalie. Il faut que je sache. Je m'installe en tailleur au milieu de mon pieu, allume le portable bien décidé à me familiariser avec ce réseau social. Je n'en reviens toujours pas qu'elle ait pu faire ça ! Elle est cinglée, je ne vois pas d'autre explication.

Une fois sur le profil, je fais défiler les différents posts, tous plus mensongers les uns que les autres. De vieilles photos de nous deux, encore en couple à l'époque, inondent ce compte. Elle ne lâche pas ! Je fouille dans les contacts associés, mais n'y vois pas de Charlotte… J'examine donc les messages indiquant : « Ce contenu a été jugé comme inapproprié et insultant ». Bordel, elle est vraiment allée trop loin !!

Tout s'explique, la chanson, le refus de mes appels, les non-réponses à mes SMS… TOUT ! Moi qui commençais à me faire une raison… Elle a réellement dû me prendre pour une ordure, comme je la comprends. En même temps, je reste furax contre elle. Elle aurait pu me consulter et me faire un minimum confiance. Finalement, je vais peut-être remercier ses copains de beuverie de lui avoir ouvert les yeux.

Un nettoyage de l'ordinateur s'impose, quoique, je le balancerais bien par la fenêtre. J'entreprends de faire disparaître ce G.Alone, chose facile étant donné que Nath ne s'était pas déconnectée, puis fais le ménage dans les fichiers images. Elle les avait TOUTES copiées, mais la question reste : quand et pourquoi ? Elle va me faire péter les plombs, ce n'est pas possible !

Après avoir fait tout ça, je peux me recoucher. J'espère trouver un peu le sommeil malgré mon impatience à renouer le dialogue avec Charlotte et lui faire part de mes découvertes. Il va falloir que Nathalie assume ses conneries, pas seulement auprès de ses supérieurs ! Elle est définitivement allée trop loin.

— On va à la plage, on va à la plage ! crie Hugo en me sautant dessus.

Dur le réveil ! J'ai envie de lui dire « non, on va à Angers », mais au lieu de cela, j'attrape mon oreiller pour déclencher une bataille de coussins à laquelle il répond à coups d'éclats de rire.

L'estomac de ce petit monstre se révoltant, je mets fin au combat, direction le petit-déjeuner. Lola se joint à nous et je ne sais pas si ma courte nuit y est pour quelque chose, mais ils sont intarissables ce matin. Pff, la journée va être longue.

Je les envoie se débarbouiller puis s'habiller pendant que je recherche un lieu de baignade… à Angers. Je tombe sur le lac de Maine, ça me semble sympa et surtout une bonne occasion de se rapprocher de Charlotte. Avec un peu de chance, elle acceptera de nous y retrouver. J'ai le droit de rêver, non ?

Enfants prêts, pique-nique préparé, message envoyé, je prends mes clés et c'est parti pour une heure trente de voiture avec des mouflets survoltés. J'suis barge !

Il ne me reste plus qu'à croiser les doigts pour que la belle réponde à l'invitation.

23 - Charlotte

Oh, la vache, le mal de crâne ! Je crois que j'ai vraiment abusé hier, mais quelle soirée !

Avachie au milieu du lit, je me refais le film de cette beuverie en règle. Bière, rhum, digestif, tout y est passé. Heureusement que Cécile sait se tenir et a pu nous conduire, que ce soit pour rentrer chez moi ou raccompagner les collègues à bon port. Avec du recul, je pense que j'ai dit pas mal de conneries, et surtout, je leur ai raconté ma vie. Les pauvres, j'ai dû les gaver ! Ce n'est pourtant pas mon genre de me confier si facilement, en dehors d'Adeline et Flo, mais l'alcool aidant... Pour autant, ça n'a pas empêché Cécile et Ludo de se rapprocher. Ils étaient dans mon viseur, et croyez-moi, j'ai bien vu leur manège.

La lumière perce vivement à travers les volets, c'est le signal pour me lever et faire le tour des « cadavres » trônant dans le salon. Allez, flemmarde, debout !

Le constat est rude. Les verres et bouteilles qui gisent encore au sol ou sur la table basse trahissent notre sérieux lâcher-prise. C'est en regardant l'étendue des dégâts que je réalise ce que j'ai fait. J'ai appelé Grégoire...

Mais quelle conne ! Je me remémore notre échange tout en cherchant mon téléphone. Pourquoi ai-je écouté les gars ? Vous voyez, ce sont toujours EUX qui foutent la zone, dans nos vies comme dans nos cœurs ! Si seulement j'étais lesbienne... Ouais, c'est bête comme réflexion, mais entre nanas on se comprend, non ? Pff, voilà que je repars dans mes délires, et sans avoir bu. C'est grave, docteur ?

Ah, ça y est, je te tiens. Je me fais couler un café et consulte mon portable. L'appel n'a duré que six minutes. Je suis rassurée. En si peu de temps, je n'ai pas dû faire trop de gaffes.

Quoique, me connaissant, il y en a forcément eu, à commencer par celle de débloquer son numéro. Bingo, il m'a déjà envoyé un message. Il ne perd pas de temps !

> Bonjour, Cha, j'espère que tu n'as pas trop mal à la tête ce matin et surtout que tu te souviens de notre conversation. Comme je te l'ai suggéré cette nuit, j'aimerais que nous puissions discuter, sans tes amis, même si je leur dois une fière chandelle ! Je serai au lac de Maine dès ce midi et pour le reste de la journée. J'espère t'y voir, sincèrement. Je t'embrasse, à tout à l'heure. <

Bordel de bordel, il est chez moi ! Enfin, à Angers quoi.

Le stress qui m'envahit me fait perdre l'appétit naissant et l'odeur de mon café me filerait presque la nausée. Je tourne et vire dans cette cuisine – qu'est-ce que je fais ? Que veut-il me dire ? – il est déjà 11 h 50, il doit être arrivé. Putain, je fais quoi ?

Je lâche tout, café, téléphone et décide de passer à la douche histoire de me remettre les idées en place. L'eau qui ruisselle le long de mon corps ne suffit pas à me détendre et à prendre une décision. Dans quelle merde me suis-je fourrée ? Je me sèche, m'habille d'une robe toute simple, mais dans laquelle je me sens bien. Je pourrais appeler les filles pour demander conseil, mais on voit bien où tout ça m'a menée jusqu'ici… Non, cette fois, il faut que je gère seule. Je sens la crise arriver, mais la contrôle en adoptant une respiration profonde. *T'es mal barrée, Charlotte !* Je prends mon temps, pèse le pour et le contre tout en réalisant que je suis en train de me pomponner, pourquoi ? Lui donner des regrets ou le séduire ? Mascara, liner et gloss appliqués, je rassemble ma tignasse en un chignon flou et regarde le résultat. *Tu déchires, ma poule !*

C'est décidé, j'y vais. Après tout, qu'est-ce que je risque ? Ses enfants seront présents, nous serons dans un lieu public à proximité de chez moi, je peux le faire ! Malgré ces quelques motifs plutôt rassurants, la vague d'angoisse qui s'infiltre en moi me ferait presque reculer. Merde, je ne vais pas rester prostrée dans mon appart alors qu'une explication m'attend. Cette histoire a assez duré.

Je prends donc mes clés, mon sac, et envoie une réponse à Grégoire avant de monter en voiture.

> Je suis là dans quinze minutes. Pour faire simple, on peut se rejoindre au niveau des jeux pour enfants qui se trouvent près de la base de canoë. <

Sa réponse arrive sans tarder.

> OK, je t'attends. Merci d'avoir accepté. <

Allez, cocotte, c'est parti ! Je grimpe dans ma bagnole dans un état second. Le cœur au bord des lèvres, l'estomac dans les sandales. Ouais, ouais, je vous assure que c'est possible, et encore je ne vous ai pas tout dit ! J'aurais dû lui annoncer trente minutes, parce qu'à ce rythme-là *Monsieur* va s'impatienter. Assise sur mon siège, la tête reposant sur le volant, je me demande pourquoi j'ai accepté, pourquoi je me mets cette pression de dingue. C'est invivable ! *Respire, Charlotte, respire.* Je pensais que mes crises d'angoisse étaient en partie liées à la crainte de le voir débarquer à l'improviste, mais visiblement c'est autre chose. Me sentir aussi fébrile m'humilie autant que toutes les saloperies lues à mon sujet sur ce faux compte Facebook. Enfin « faux »... j'attends de voir ce qu'il va m'en dire.

J'attrape ma bouteille d'eau, toujours à portée de mains lors de mes sorties, en bois une grosse gorgée afin de réduire cette sensation de bouche sèche. Bon, quand faut y aller, faut y aller !

À force de respirations ventrales, mantras positifs et fenêtres grandes ouvertes, me voilà au lac saine et sauve. *Une ola pour moi-même, une !* Je prends encore quelques instants pour sortir de ma voiture. Bah oui, j'ai besoin de souffler un peu, vous ne vous rendez pas compte à quel point ce stress met mon organisme à rude épreuve ! Aussi, je n'ai pas la moindre envie que Grégoire s'imagine qu'il me trouble. J'ai bien l'intention d'imposer une certaine distance, non, mais ! Voilà où j'en suis de mes réflexions lorsque je perds l'équilibre, et tentant de me stabiliser, le seul scénario que je n'avais pas envisagé se produit, je me retrouve les quatre fers en l'air.

Alors, leçon numéro un : ne jamais se la jouer « tout va bien » quand rien ne va, car à la moindre occasion, un caillou peut apparaître devant votre godasse et vous rabattre le caquet. Adieu dignité, me voilà à moitié vautrée dans l'herbe.

Leçon numéro deux : ne pas essayer de feindre l'événement tragique, car tout le monde vous a vu. Mieux vaut en rire avec eux plutôt que de prendre cet air faussement snob.

Leçon numéro trois : ne pas se laisser perturber par les points précédents, au risque de vous trouver comme une gourde plantée devant ce putain de beau gosse, tellement tremblante que vous manquez de vous étaler sur lui en voulant lui dire bonjour. Résultat, moment de gêne intersidéral du bisou à moitié sur la bouche alors que cinq minutes avant je me vantais de vouloir instaurer de la distance.

Bravo, Charlotte, il a dû la voir ta fucking distance !

— Rassure-toi, ton regard à lui seul la met cette putain de distance, m'annonce Greg sans que je m'y attende. Mais je suis ravi que tu sois venue, s'adoucit-il.

Pff, ça commence bien ! Dès qu'il est près de moi, je déraille au point d'oublier de garder mes pensées pour moi.

— Bonjour, euh... désolée pour cette arrivée cauchemardesque. Tu vois, certaines choses ne changent pas, bredouillé-je.

— Ne t'inquiète pas pour ça. Si ça ne t'embête pas, on va se rapprocher des jeux, les enfants y sont.

— Non, pas de soucis, allons-y.

Respire, Charlotte, respire !

Il file devant moi, mais se retourne en m'indiquant d'un geste où se trouvent ses bambins, me donnant l'occasion de le scruter à loisir. Ça me fait vraiment mal de l'avouer, mais Greg est encore plus sexy que dans mes souvenirs. Il porte uniquement un short de bain orné de motifs à la mode qui lui tombe sur les hanches et laisse entrevoir ce V bien trop tentant qui ferait fantasmer une nonne. Ses cheveux blonds, dans lesquels il ne cesse de passer ses mains, ont poussé comme sa barbe qu'il semble ne pas avoir rasée depuis notre dernier rendez-vous. À cet instant, je maudis les dires d'Oscar Wilde « Le seul moyen de se débarrasser d'une tentation est d'y céder. »

Je suis prête à relever le défi Oscar ! Merde, je crois que je l'ai dit à voix haute...

24 - Grégoire

J'ai bien cru qu'elle n'allait jamais venir. Tout le long de la route, j'ai attendu son message en essayant de me concentrer sur ma conduite. Quand celui-ci est enfin arrivé, je crois que j'étais à deux doigts de baisser les bras. Nous avions déjà eu le temps de piquer une tête et de grignoter le déjeuner préparé à vitesse grand V ce matin. Mais ça y est, elles sont là. Charlotte et sa légendaire maladresse qui, il faut l'avouer, me font toujours cet effet de dingue ! Cela dit, elle est également venue avec une tension que je ne lui connaissais pas. J'espère que notre discussion lui permettra de la chasser. Après tout, mon seul objectif est de mettre les choses au clair et, pourquoi pas, reprendre là où nous en étions. Mais je ne mets pas la charrue avant les bœufs, bien que l'envie ne manque pas. *Ouais, du calme, bonhomme, on n'en est pas encore là !*

Nous regagnons l'espace de jeux blindé en ce début d'après-midi, ce qui n'empêche pas Lola et Hugo de s'apercevoir bien vite de la présence de Charlotte.

— Oh, c'est marrant, c'est comme si on était au camping ! s'écrie Hugo en courant vers Charlotte. Bonjour, Charlotte, t'habites ici ?

— Bonjour, Hugo, je suis contente de te voir, dit-elle en lui faisant une bise. Oui, je n'habite pas très loin. C'est sympa de vous croiser ici.

Elle s'avance vers Lola qui attend son tour.

— Comment vas-tu, Lola ? J'ai l'impression que vous avez grandi tous les deux, c'est fou !

Lola hoche la tête en rougissant. C'est vrai qu'elle a poussé pendant cet été.

— Bah oui, papa dit qu'on a que ça à faire de grandir, dit Lola nonchalamment.

Sa réplique fait rire Charlotte qui semble se détendre un peu. J'indique aux enfants qu'ils peuvent retourner jouer. Je profite de ce moment de flottement pour observer Charlotte qui a le regard tourné vers mes loulous.

Elle est vraiment belle dans cette petite robe. Simple, assez courte, mais qui flatte parfaitement ses courbes. Dieu sait que je les connais ses courbes ! Son cou libéré de ses cheveux me rappelle la fois où elle s'est fait piquer par cette guêpe au bord de la piscine, et provoque le même effet que ce jour-là, l'envie de la picorer doucement. Cela dit, elle ne semble pas aussi réceptive aujourd'hui et des marques de fatigue se lisent sur son visage pourtant maquillé. Alors qu'elle me prend en flagrant délit de « reluquage » intensif, je l'invite à notre modeste table de pique-nique installée pour l'occasion.

— Tu as mangé ? Tu veux boire quelque chose, jus de fruits ou café ? lui demandé-je avec précaution.

— Je me suis levée tard, vu ma longue, très longue soirée, tu imagines. Je veux bien un café, merci, répond-elle sans lever les yeux.

Je l'ai rarement vue aussi gênée, presque mal à l'aise. Elle triture ses doigts, gigote sur son tabouret. Merde, on dirait qu'elle voudrait être partout sauf ici, avec moi. Je lui sers sa boisson, sors le sucre et une cuillère, à croire que moi aussi je fais tout pour repousser la discussion.

— Je ne sais pas si c'était une bonne idée, Grégoire, tout ça me met… me…

— Si, Charlotte, il le faut. Tu ne peux pas rester avec des incompréhensions, et j'ai plein de choses à te dire aussi, la coupé-je.

— Je ne pense pas que tu mesures ce que j'ai vécu depuis notre retour de vacances, rétorque-t-elle un peu sur la défensive.

— Je suis sincèrement navré de ce qu'il s'est passé, mais n'en doute jamais, je n'y suis pour rien. En revanche, je ne peux que constater l'état dans lequel ça te met, comme la distance que ça a mise entre nous, à mon grand regret, avoué-je, peiné.

— À ce niveau-là, on ne parle plus de distance, mais de gouffre ! répond-elle avec un rire sans joie. Sans blague, j'ai été humiliée, placardée sur les réseaux sociaux et mise plus bas que terre par l'homme qui souhaitait entretenir une relation avec moi !! Comment veux-tu que je me sente ?

— Je t'assure que je n'y suis pour rien. Je comprends le mal que tu as pu ressentir, mais pourquoi ne pas m'avoir questionné plutôt que de m'envoyer ce message dégueulasse ?

Elle tique, m'interroge du regard.

— Ta putain de chanson ! l'éclairé-je sur le sujet en haussant le ton malgré moi.

— Oh merde ! C'est vrai... J'aurais pu faire preuve de plus de maturité sur ce coup-là, toutefois essaie de te mettre à ma place ! J'ai vraiment pensé que c'était toi ! Explique-moi comment elle a pu faire un truc pareil ? m'implore-t-elle, le regard larmoyant.

La voir aussi peinée m'est insupportable. Ses yeux me renvoient autant de colère que de tristesse, mais j'ai besoin qu'elle prenne la mesure de ce que j'ai vécu de mon côté. Je change de place et viens m'asseoir près d'elle.

— Et moi, tu y penses ? Des jours sans réponse, sans explication alors que j'étais persuadé qu'on était bien partis pour tenter quelque chose de sincère. J'ai cru devenir barge ! Puis je me suis fait une raison... Là, malgré tout ce bordel, je n'ai qu'une envie, c'est te prendre dans mes bras, de te toucher, mais je crains que tu me repousses.

Mon laïus a raison de sa retenue, elle fond en larmes. Putain ! Je ne peux plus me contenir, je l'enlace en lui susurrant que ça va aller. Que pourrais-je dire d'autre ? Typiquement masculine cette gêne face à une femme qui pleure... Comme si elle sentait mon impuissance devant cette situation, elle se redresse, sèche ses larmes et me fusille du regard. Je sens que ça se corse quand je la vois serrer les poings. Merde, ne me dites pas qu'elle va me coller un pain ?

— Je me retiens si tu savais, me dit-elle entre ses dents.

— Pourquoi ferais-tu ça ?

— Parce que toi non plus tu n'as pas essayé de savoir. Tu t'es contenté d'une réponse laissant présager que tu te débrouillerais mieux tout seul.

— Tu m'en as laissé l'occasion ? Non ! J'ai entretenu cette relation avec ton répondeur !

Alertés par nos paroles un peu trop fortes, Hugo et Lola reviennent près de nous. Merde ! Pas moyen de finir cet échange en leur présence...

— Eh oh, Charlooootte ! entends-je crier au loin.

Décidément, on ne pourra jamais aller au bout des choses. Charlotte se retourne, la main en visière pour regarder qui l'interpelle. C'est une enfant souriante qui s'approche.

— Clara ! Qu'est-ce que tu fais là ? T'es toute seule ? lui demande Charlotte.

— Non, papa, maman et Élliot arrivent, regarde, ils sont là-bas, lui répond-elle en pointant dans la direction de sa famille.

La gamine, d'environ sept ans, fait demi-tour pour retrouver ses proches pendant que Charlotte m'explique qu'il s'agit de son amie Adeline et de sa famille. Et les voilà qui se dirigent droit sur nous. On n'est pas sorti de l'auberge...

25 - Charlotte

Euh… là, ça peut partir en vrille à n'importe quel moment. Adeline n'est pas du genre à mâcher ses mots, Mathieu est très protecteur et je n'ai pas donné de nouvelles ces deux derniers jours.

Donc, autant vous dire qu'ils ne sont pas au courant des derniers rebondissements. D'un côté, je plains Grégoire, et d'un autre, j'ai hâte de voir comment il va s'en sortir avec Adeline. *Mouahah, rire sadique !*

Je vais à leur rencontre afin de calmer les ardeurs de mon amie. Je la vois d'ici, elle est au taquet ! Droite comme un i, regard fixe, ses courts cheveux bruns impeccablement coiffés, poings serrés le long de ses jambes fines, elle semble sur le point de livrer bataille.

— Salut, ma poule, ça…

Elle ne me laisse pas le temps de finir qu'elle embraye direct.

— Tu te fous de ma gueule ! Qu'est-ce qu'il fait là ce connard ?

— Détends-toi, on a discuté hier par téléphone et il m'a proposé de se retrouver ici pour finir cette conversation plus librement, tenté-je d'expliquer.

— C'est ça ouais, « librement » pour te faire avoir encore une fois, c'est ça que tu veux ? Ça ne t'a pas suffi les conneries de Facebook ?

— Justement, Adeline, laisse-moi parler, bordel ! Ce n'est pas lui. Apparemment, c'est sa connasse d'ex qui a fait toutes ces saloperies !

— Bien sûr ! Et puis, tu ne l'avais pas bloqué à la base sur ton téléphone ?

— Si, sauf qu'hier j'ai passé la soirée avec mes collègues. Le sujet est venu sur le tapis, j'avais picolé. Xavier et Ludo ont repris le truc depuis le début et voilà comment sont nés les doutes. J'ai fini par l'appeler en présence des gars et Cécile, c'est là que j'ai appris que c'était l'autre et pas lui. Tu l'dis si je t'emmerde !

Adeline ne m'écoute que d'une oreille et observe par-dessus mon épaule Greg s'approcher de nous. Je n'aimerais pas qu'elle me regarde comme ça, croyez-moi ! Il ne se dégonfle pas, bon point pour lui.

— Bonjour, je suis Grégoire, j'ai beaucoup entendu parler de vous pendant nos vacances, se présente-t-il en lui tendant la main qu'elle esquive.

OK...

— Moi, c'est surtout après, que j'ai entendu parler de vous, lui lance-t-elle hargneuse.

— J'imagine... Mais je compte bien faire la lumière sur tout ça, dit-il sans se démonter.

Les enfants sont déjà en train de jouer ensemble, à ces âges, pas besoin de présentations, ils s'en chargent tous seuls. Quant à Mathieu, il installe leurs affaires près de la table de Grégoire, l'heure du goûter doit approcher. Je sens qu'il va passer au crible. Pour ma part, j'avoue qu'avoir mes amis avec moi m'aide à me détendre et à appréhender les choses différemment.

— Tu crois qu'on pourrait avoir un moment pour finir notre discussion en tête à tête ? me glisse Grégoire à l'oreille.

— Ça me semble compromis pour aujourd'hui.

Je l'entends jurer dans sa barbe. *Bien fait !* Ouais, j'admets, je l'ai encore mauvaise, même si le voir ramer m'attendrit un peu. Un peu j'ai dit, on ne s'emballe pas !

— Je vous offre un café ? nous propose Greg.

— Oui, je veux bien, merci. Moi, c'est Mathieu, enchanté, se présente le conjoint d'Adeline.

Ils se serrent la main en s'affrontant du regard. Vu de ma place, je peux vous dire qu'on n'est pas loin du combat de coqs. C'est à qui serre le plus fort. *Ridicule...* Dès lors qu'ils ne jouent pas à « qui a la plus grosse » ou « qui pisse le plus loin » l'honneur sera sauf.

Adeline semble avoir retrouvé ses aptitudes en matière relationnelle. C'est-à-dire qu'elle n'est plus prête à lui sauter à la gorge et qu'elle accepte le café. Ouf, on va peut-être passer une bonne fin de journée !

— Donc c'est toi. On peut se tutoyer ? suggère Mathieu à Greg.

— Oui, bien sûr. C'est moi, quoi au juste ?

Putain, mais il cherche, en plus !

— Toi qui lui en as fait voir de toutes les couleurs au point de foutre ma nana en rogne !

— On s'détend là. Cette histoire, c'est moi que ça regarde. Je suis désolée d'avoir empiété sur votre vie de famille, mais ça ne sert à rien de s'énerver ! m'interposé-je pour calmer le jeu.

— Laisse, Cha, ce n'est pas grave. On peut en parler calmement ?

Tout le monde hoche la tête et imite Grégoire en s'asseyant autour de la table de fortune.

Je suis sur le cul ! Presque en admiration devant son self-control. C'est alors qu'il nous déballe tout. Comment s'est passé son retour, nos messages – Mathieu est mort de rire à l'évocation de Therapie taxi – le départ de Nathalie pour on ne sait où – sans plus s'y attarder, mais je vois qu'il ne me dit pas tout... – et sa découverte du fameux ***G.Alone***. Je suis sur le cul et mon pote ne se marre plus du tout ! Y en a une à ma droite qui a mis de l'eau dans son vin et fait moins la fière. Elle est d'ailleurs presque plus surprise que moi de cette mascarade. Il faut dire qu'Adeline n'a jamais eu affaire à l'autre cinglée et son goût pour la dramaturgie ! Moi, bah... je bois ses paroles en regrettant amèrement de ne pas avoir été plus réfléchie et de ne pas avoir cru en lui... *Mièvrerie bonjour !*

Après le récit de Grégoire, ma morue s'en donne à cœur joie pour lui décrire l'état lamentable dans lequel j'étais le week-end dernier et les jours qui ont suivi. Je me sens telle une gamine face à son premier béguin, rougissante et honteuse de devoir admettre qu'elle a raison sur toute la ligne ; mes sentiments étaient bien plus forts que je le croyais. S'ensuivent des regards touchants de Greg, des tentatives maladroites de contacts physiques et un dialogue silencieux entre Adeline et Mathieu... Qu'est-ce qu'ils mijotent ?

— Bon, je suis désolée d'avoir réagi comme ça tout à l'heure, j'espère que tu comprendras que pour nous, le mauvais de l'histoire c'était toi, s'excuse Adeline.

— Ne t'inquiète pas, pour ma part, c'est oublié, répond Greg en me surveillant du coin de l'œil.

— Les enfants ont l'air de s'être bien trouvés, lance Mathieu qui s'est bien adouci.

Les deux hommes échangent au sujet des enfants – âges, prénoms – pendant qu'Adeline consulte son téléphone et que moi… je suis ailleurs. Quelque part entre soulagement et nostalgie… Ma morue choisit ce moment pour nous balancer le truc le plus adorable qui soit malgré le ton brut employé :

— Parlons peu, mais parlons bien. Il est déjà 17 h et vous avez assez perdu de temps. Charlotte, tu te sauves et tu emmènes Grégoire avec toi. Nous, on reste avec les enfants.

Elle a le mérite d'avoir l'attention de tout le monde en une phrase jetée à la volée. Je ne m'attendais pas à ça, mais visiblement, Mathieu, qui sourit en coin, avait validé l'idée avant qu'elle ne soit énoncée. Ah, ces vieux couples ! Même plus besoin de mot pour se comprendre.

— C'est très gentil, mais ça me gêne…

— T'occupe, préviens tes marmots et file ! Adeline coupe Greg. Enfin, je veux bien que tu remballes tes affaires aussi, sinon on va être emmerdé avec tout ce barda !

« Chef oui, chef ! » ai-je envie de lui répondre. Mais sa proposition est tellement bienvenue que je préfère la prendre dans mes bras pour la remercier silencieusement.

— À charge de revanche, répond Grégoire en rassemblant son bazar. Tu es OK avec ça au moins ? ajoute-t-il à mon intention.

— Oui.

Très original, Charlotte, essaie encore !

— Allons-y, conclus-je.

Putain, dans quel état est mon appart ?

— C'est pas ton appart qui m'intéresse, là, tout de suite, Cha, me glisse Greg en passant derrière moi.

Grrrr, j'en peux plus de moi !

26 - Charlotte

Maintenant je fais quoi ?

— Attends, Grégoire, prends aussi ta voiture. On vous rejoint plus tard chez Charlotte avec des pizzas. C'est OK pour tout le monde ? demande Adeline.

— Si vous avez assez de place pour toute cette petite troupe, moi ça me va. Je préviens juste Lola et Hugo, répond Greg en guettant ma réaction.

— Oui, t'inquiète, ils ont un car scolaire, dis-je en ironisant.

Les enfants avertis, Greg m'emboîte le pas direction le parking. Dans quoi je m'embarque ? Il semble sincère, je ne peux pas le nier. Ses explications quant aux événements passés ont beau tenir la route – même si j'ai du mal à comprendre comment quelqu'un peut en arriver là… –, je ne peux m'empêcher de craindre pour mon p'tit cœur. C'est vrai, quoi, après tout, il a passé des années auprès d'une folle, pourquoi en serait-il sorti indemne ?

— Tu es bien silencieuse tout à coup, me coupe-t-il dans mes tergiversations.

— Désolée, je… ce n'est…

Essaie encore, Charlotte… bordel, quelle gourde !

— C'est un peu déstabilisant tout ça, pour moi, balbutié-je.

— Je comprends, tu sais.

Ouais, c'est bien ça le problème. Tu trouves toujours les bons mots, ai-je envie de lui dire. Au lieu de quoi, je change de sujet.

— Je suis garée là-bas, je t'attends au stop à la sortie, tu n'auras plus qu'à me suivre, suggéré-je en pointant ma place de parking.

— Tu es consciente que tu ne pourras pas éternellement esquiver le sujet épineux ? me demande Greg.

— Oh oui, ne t'en fais pas… Mais pour l'instant, j'ai encore ce pouvoir-là, le contré-je en regagnant ma Mini.

Assise au volant de ma voiture, je relâche tout l'air retenu dans mes poumons depuis le début d'après-midi. Malgré tout, Mme casse-couilles – ou angoisse, si vous préférez – est toujours là, latente. Je démarre bien que l'envie d'annuler commence à s'insinuer dans mon esprit, et file l'attendre à l'endroit indiqué plus tôt. *Respire, Charlotte, respire*. Je surveille mon rétro, et quand je le vois approcher j'enclenche la première en tremblant. Grégoire, chez moi, cette idée devient de plus en plus troublante, je n'arrive pas à maîtriser la panique qui grimpe en flèche. C'est donc dans un état second – pour la deuxième fois aujourd'hui – que je parcours les quinze minutes de route qui nous séparent de mon domicile, et que j'arrive en mode « loque humaine » à destination.

Tant bien que mal, je tente de reprendre contenance avant de sortir et faire face à l'objet de mes angoisses, mais c'était sans compter sur la rapidité et la détermination de Grégoire. Il me découvre ainsi tremblante et probablement dégoulinante de sueur en ouvrant ma portière. *Glamour, Charlotte !* C'est pas possible d'être aussi désespérante…

— Hey, qu'est-ce qu'il t'arrive, Charlotte ? s'inquiète-t-il.

— Ce n'est rien, ne t'en fais pas. Ça va passer, certifié-je, fébrile.

Je m'extirpe de mon siège d'une façon très élégante – *si, si, je vous assure* – et l'invite à me suivre sous son regard soucieux.

Lui et son short bien trop avantageux me devancent et me tiennent la porte de l'immeuble, et là, c'est le drame ! Je manque de m'affaler en le regardant avec un peu trop de gourmandise et me rattrape au bras qu'il me tend.

— Ça va ?

Je lui passe devant à la hâte, sans un mot, les yeux rivés sur mes pieds. *Désespérante, vous disiez ?* Je cherche nerveusement mes clés et enfin, me voilà dans mon antre !

— Entre, je t'en prie, l'invité-je timidement.

— Tu es sûre que tout va bien ?

— Non, ça fait maintenant plusieurs jours que je ne suis sûre de rien… objecté-je du tac au tac.

— Je suis sincèrement désolé, Charlotte.

— Oh, c'est bon maintenant ! Arrête d'être désolé, navré ou tout ce que tu veux en « é » ! Essaie de trouver autre chose, car là, les excuses ne suffisent pas à m'apaiser ! MERDE ! pesté-je en sortant de mes gonds, devant les yeux ronds de Grégoire, qui doit imaginer un pétage de plombs imminent.

Mais je ne m'arrête pas là et poursuis sur le même ton :

— Tu n'as pas tout dit tout à l'heure, n'est-ce pas ?

La seule chose qu'il trouve à faire pour me calmer et me faire taire est de fondre brutalement sur ma bouche. Bordel, qu'il est doué ! Ses mains s'activent, l'une détache mes cheveux et se glisse dedans fermement, pendant que l'autre trouve fiévreusement ma hanche. Après avoir hésité à rester les bras ballants, je finis par m'accrocher à lui comme j'ai tant aimé le faire par le passé. Quand je suis enfin rassasiée par cette étreinte, je fais courir mes doigts le long de ses épaules, de son dos et redessine chacun de ses reliefs. Le baiser s'éternise. D'ardent et fougueux, il devient doux et apaisant. Ça y est, *je fonds !*

Lentement, nous cessons cet échange sans pour autant nous écarter. Je n'ose relever les yeux, mais il en décide autrement. Englobant tendrement mon visage entre ses paumes, il arrime son regard au mien.

— Tu m'as manqué, Cha, me susurre-t-il en me fixant de ses deux prunelles orageuses.

Voyant que je n'en dis rien, il poursuit.

— Je n'attends pas de réponse, tu sais. Je voulais juste que tu le saches. Je me suis retourné le cerveau avant de comprendre ce qu'il s'était passé. J'ai eu le temps de ressasser des souvenirs, d'essayer d'oublier ce truc entre nous. J'ai fini par croire que je ne pourrais plus jamais te tenir dans mes bras. Un vrai gâchis, tu ne crois pas ?

Vous voulez vraiment savoir ce que j'ai osé répondre à cette belle tirade ? Bon, OK, c'est bien parce que c'est vous.

— Tu ne pouvais pas enfiler un t-shirt ?

Tadam ! Du grand Charlotte, messieurs, dames !

Le voilà parti dans un fou rire magistral. Je ne sais pas s'il se fout de ma gueule ou… ou quoi d'ailleurs ? Mais merde, ce qu'il est beau quand il rit… Je ne lutte plus et le rejoins dans ce moment d'hilarité.

À bout de souffle et ragaillardie par ce lâcher-prise, je lui caresse la joue en lui soufflant de piteuses excuses, puis je l'entraîne jusqu'au salon. Nous nous installons côte à côte sur le canapé. Je lui propose à boire, ce qu'il décline, et je prends la parole pour qu'on en finisse avec cette histoire de fou.

— Je ne sais pas trop par quoi commencer, mais vu que tu n'as pas encore répondu à ma dernière question, on va démarrer avec plus... simple. Comment se fait-il qu'elle ait eu accès à tes photos ? Elles étaient bien sur ton téléphone ?

— En effet, elles n'ont pas bougé de mon portable, enfin... si la preuve en est. Je pense donc qu'elle a dû se les transférer pendant les vacances, je n'avais pas changé de mot de passe depuis notre séparation. De toute façon, il n'y a pas d'autres explications puisque je ne l'ai revue qu'hier soir depuis notre retour, me répond-il.

— OK, mais, mon nom et tout ça, pour me retrouver sur Facebook ? persisté-je dans mon « interrogatoire ».

— Alors là, tu me poses une colle. Tu sais, moi et les réseaux sociaux, ça fait deux ! Je ne lui ai jamais dit où tu habitais ou donné toute autre info qui aurait pu la conduire jusqu'à toi.

— Hum...

— Je peux comprendre tes doutes, Charlotte, d'autant que tout ce que j'avance est difficile à prouver. Je te l'assure, jamais je n'aurais fait une chose pareille, jamais ! essaie-t-il de me rassurer en prenant mes mains dans les siennes.

— Je te crois, enfin... je fais tout pour. C'est juste que tout ça m'échappe. J'ai du mal à saisir ce qui peut faire naître ce genre de chose dans l'esprit des gens. Et aussi, je dois l'admettre, je me demande comment tu as fait pour vivre aussi longtemps auprès d'elle sans te rendre compte de son côté malsain.

Il se décale un peu pour me faire face, et le temps qu'il prend pour me répondre, comme son regard voilé, ne me dit rien qui vaille...

27 - Grégoire

Ses questions ne peuvent que me remuer les tripes. En effet, comment ne me suis-je pas rendu compte que Nathalie était si... perverse ?

Charlotte s'est tendue à mon changement de posture. Quand elle va savoir... Je la regarde et j'aimerais qu'elle lise ma déception, mais aussi toute la culpabilité que les actes de mon ex me font ressentir. Et puis je me lance, plus de malentendus, plus de cachoteries.

— À qui le dis-tu ! J'avais perçu sa tendance à la manipulation, mais pour le reste... J'en suis le premier surpris, déçu et blessé aussi.

Je marque une pause, il me faut au moins ça pour lui révéler toutes les merdes que Nathalie a commises. J'ai honte, je n'y peux rien. Honte de ne rien avoir vu venir, honte d'avoir embarqué Charlotte là-dedans, honte de devoir mettre des mots sur tout ça.

— J'ai fondé une famille avec elle, et c'est douloureux de se rendre compte que je ne la connaissais pas finalement... Après que Nath est passée chez moi me déposer l'ordinateur et des affaires pour les enfants, j'ai eu un ancien collègue à elle au téléphone, et... Putain, c'est dur !

Je n'arrive plus à regarder Charlotte et ne cesse de me passer la main dans les cheveux. Je la sens attentive, mais elle ne fait rien pour me brusquer. Il faut que j'aille au bout des confidences, je ne peux plus reculer.

— Il m'a... Il m'a annoncé le pourquoi de son départ. Il se trouve que plusieurs jeunes recrues se sont plaintes, ou en tout cas ont fait état d'actes sexuels plus ou moins... forcés, de pression et d'intimidation.

— Oh non ! Elle s'est fait violer ? me coupe Charlotte.

— Non, Charlotte… C’est elle qui a… qui a utilisé ces hommes, pas l’inverse.

J’ose enfin la regarder. Elle me fixe, bouche bée, tel un arrêt sur image.

— Bien que je n’y sois pour rien, je m’en veux. Je m’en veux de m’être autant trompé et de ne pas avoir ouvert les yeux avant que tu en fasses les frais. Que NOUS en fassions les frais, insisté-je sur le « nous » pour que Charlotte comprenne mes intentions.

Elle souffle en plissant les paupières, puis les rouvre et laisse entrevoir un voile de tristesse et de dégoût.

— Je suis navrée, Greg, vraiment, dit-elle en resserrant sa prise sur mes mains.

Son corps se rapproche imperceptiblement du mien, tandis que sa proximité propage une chaleur au creux de mon ventre. *Bordel, quel obsédé ! Comment je peux bander après une telle confidence !* Elle caresse à présent le carré de ma mâchoire en jouant avec la barbe que je suis ravi de ne pas avoir taillée. C’est dingue ce qu’un simple geste de sa part peut me donner envie de l’allonger sur ce sofa ! Mais elle reprend en murmurant :

— Je ne sais pas quoi dire, Greg. Je… Je suis choquée !

Son expression s’adoucit avant d’enchaîner :

— Tu m’as manqué aussi… Malgré tout ce bazar.

Cette déclaration a raison de moi. Je me jette sur sa bouche appétissante et la dévore. J’y mets ma colère, mon manque, mon envie, tout !

Mes dents agrippent sa lèvre inférieure, puis ma langue en dessine le contour. Je me régale, la savoure, rattrape ces quelques jours en donnant tout dans ce baiser. Ses gémissements me poussent à l’installer à califourchon sur moi, et si elle continue à couiner comme elle le fait, je vais avoir l’air d’un ado éjaculateur précoce. Il n’y a qu’elle pour me faire cet effet de dingue ! Mes mains deviennent de plus en plus gourmandes, passent dans son dos et viennent retrouver la place que j’aime tant. J’englobe ses seins qu’elle tend en me sentant approcher, et titille ses tétons à travers le tissu fin de sa robe et de son sous… *Euh, attendez, non, il n’y a pas de sous-vêtement ! Putaiiiiiiin !*

Charlotte est, elle aussi, désormais entreprenante. Elle me tire les cheveux me contraignant à pencher la tête en arrière, investit ma bouche comme personne. Elle s'agite, se tortille contre mon sexe à la recherche du plaisir suprême. Elle va signer mon arrêt de mort ! Merde ! Je suis tendu à l'extrême, tenaillé par une furieuse envie d'être en elle. Ses gestes deviennent incontrôlés, mais qu'est-ce que ça m'excite ! J'oublie les minutes qui s'égrènent, les malentendus, et profite de son corps comme elle du mien. Je reprends les rênes, amplifiant chaque mouvement de bassin et donnant le rythme en lui maintenant les hanches. Nos sexes se frottent, se stimulent à présent sans retenue. Je quitte sa bouche et, comprenant où je veux en venir, elle me donne accès à son cou puis se redresse pour que ma langue cajole la naissance de son décolleté rebondi. Mes doigts descendent et se faufilent au plus près de ses fesses et de son intimité. Elle me garde contre elle, cherche mes mains, ma queue. Elle maltraite ma tignasse et d'une main que je n'ai pas sentie venir, elle saisit mon membre – à travers mon vêtement – tout en accélérant la cadence de manière saccadée et jouit dans un cri.

Mais… Bordel, elle a JOUI !! Son orgasme déclenche le mien, là, contre sa paume, dans mon short de bain, sur son canapé… Ce putain de moment est le plus inattendu, impulsif et jouissif que j'ai vécu jusqu'ici !

Surprise par son propre plaisir, elle se redresse, me laissant apercevoir ses joues roses et son sourire timide malgré l'intimité torride que nous venons de partager. Je lui dégage le visage en repoussant ses cheveux et caresse sa nuque au passage sans la lâcher du regard. En cet instant, notre échange silencieux vaut tous les mots.

À regret, j'interromps notre béatitude – je ne peux décemment pas rester comme ça – en tentant de remuer, non sans malaise.

— Tu es magnifique. Mais au risque de passer pour un goujat, je vais devoir me lever, lui signifié-je en lui montrant du doigt mon entrejambe.

Elle se marre la traîtresse ! En même temps, y a de quoi rire.

— Ah oui, en effet, continue-t-elle à se moquer. Je vais te montrer où est la salle de bain.

Nous nous relevons péniblement, entre l'humidité ambiante et nos muscles encore engourdis par nos ébats, puis elle me guide jusqu'à la pièce convoitée. Tandis que je me glisse dans la douche, je la surprends à m'observer. Sa coiffure et son teint post-baise – qui n'en était pas vraiment une – lui vont si bien que j'aimerais la voir comme ça chaque jour. *Retour du rêveur…*

— Tu ne viens pas avec moi ? lui demandé-je.

— Non… je… Mais fais comme chez toi, je vais essayer de trouver un truc à ta taille, dit-elle en parcourant mon corps du regard.

Un peu déçu, mais comprenant qu'elle a besoin de temps, je me résigne, me lave et efface les traces de nos ébats, en réalisant que l'on a déjà franchi une sacrée étape !

En sortant de la douche, une serviette et un short m'attendent sur le rebord du lavabo. Je ne l'ai même pas vue déposer tout ça. Je me hâte pour pouvoir la rejoindre et après avoir traversé ce petit couloir desservant ce que j'imagine être sa chambre et les toilettes, je la retrouve dans la cuisine. Charlotte ne semble pas m'avoir entendu, elle est occupée à préparer de quoi grignoter, dos à l'entrée de la pièce. Je m'approche discrètement et l'entends chantonner je ne sais quelle chanson. Je me délecte de ce spectacle, redécouvrant enfin la Charlotte que j'ai connue. Je n'ai pas le temps d'arriver jusqu'à elle, qu'elle se retourne, surprise de me voir là.

— Ah, ça y est, tu as fini ?

— Oui, merci pour les affaires.

J'avance d'un pas de plus afin de pouvoir l'enlacer et ajoute :

— Qu'est-ce que tu prépares ? Ça sent bon.

— Oh, trois fois rien. Des rillettes de thon à ma façon et un caviar d'aubergine… façon grande surface, explique-t-elle avec ce sourire de réserve qui me fait craquer un peu plus.

Elle baisse de nouveau les yeux – je commence à croire que ça devient une habitude – mais je l'empêche d'éviter mon regard d'un doigt sous le menton.

— Cha, je suis content d'être ici, avec toi.

Ma main vient cajoler son cou, jusqu'à ce petit creux sous son lobe, et je lui souffle à l'oreille :

— Tout à l'heure c'était… waouh !

En me redressant, je la vois rougir et tenter de se cacher à nouveau, mais bien vite elle renoue le contact en enroulant ses bras autour de moi. Malgré son étreinte, je ne la trouve pas aussi spontanée que tout à l'heure. Je laisse courir – peut-être à tort – et prends ce qu'elle me donne.

— Oui, « waouh » est le mot qui convient. Avoue, tu espérais bien que la journée se termine comme ça ? demande-t-elle, un peu suspicieuse.

— La journée n'est pas finie, Cha. Pour ne rien te cacher, c'est vrai que je l'ai attendu ce moment, je l'ai fantasmé aussi, lui dis-je en passant mes mains le long de son dos.

— Ah oui ? Comment l'as-tu... fantasmé ? continue-t-elle, à présent séductrice, mais avec un air que je ne lui connais pas...

— Sans ménagements, Charlotte, vraiment sans ménagements ! insisté-je sur chaque mot. Tu me rends dingue !

Elle fond sur ma bouche avec la même gourmandise que celle dont j'ai fait preuve plus tôt. Putain, je ne peux plus le nier, j'adore quand elle me tire les cheveux !

DING.DONG

— Vous êtes présentables ?? crie Adeline depuis l'entrée.

Merde... Je la trouvais sympa, je vous assure. Mais ça, c'était avant...

28 - Charlotte

— Voilà les pizzas ! annonce Adeline de sa « douce » voix.

Sauvée par le gong ! J'étais à deux doigts de me faire b... AVOIR ! Oui, c'est ça, j'allais encore me faire avoir !

Je me fais peur, honte, tout ce que vous voulez de déshonorant. Il suffit qu'il me touche, qu'il m'embrasse et je ne sais plus où j'habite. *Pathétique, ma grande !* Pourtant, je vous assure que je ne voulais pas que ça se passe comme ça, mais alors vraiment pas ! OK, je veux bien le croire, le plaindre aussi, parce que j'imagine bien qu'il doit tomber de haut. Mais putain ! Il ne se rend pas compte du mal que ça m'a fait. Je ne parle pas de notre relation naissante qui en a pris un coup dans l'aile, non. C'est surtout l'humiliation subie sur les réseaux, cette impression encore incrustée d'avoir été salie. Alors, d'accord, il est navré, désolé et bla-bla-bla, mais merde ! Il n'avait qu'à éviter de prendre mon cul en photo !

J'avoue ne pas avoir été très maline non plus. Quand il m'a rejointe dans la cuisine, j'aurais dû garder mes distances, ne pas entrer dans son jeu de séduction, mais je me suis montrée faible... Le voir dans mon vieux bermuda trop large aurait pu me faire rire, pff, même pas. Je n'ai vu que son torse encore humide et son sourire carnassier. *Foutues hormones !*

Je continue de m'affairer en cuisine tandis qu'Adeline, Mathieu et les enfants assiègent bruyamment mon espace et que Grégoire les remercie à nouveau de nous avoir permis de nous « évader ». Je les entends vaguement discuter de la fin d'après-midi, et me garde bien de me joindre à eux. J'ai besoin de ce temps pour atterrir. Je me sens comme après un tour de manège à sensations fortes, vidée.

Trop d'émotions confuses et contradictoires m'envahissent pour me laisser gagner par leur bonne humeur.

Adeline indique aux enfants la chambre d'amis, pièce qui pour l'instant ressemble davantage à une salle de jeux. Mes amies venant régulièrement avec leur marmaille, il fallait bien leur créer un espace afin qu'ils ne s'ennuient pas, et nous laissent papoter. Bah quoi, ça vous choque ? Osez me dire que vous n'avez jamais utilisé le fameux : « attends, ma puce, on discute entre adultes » ! Ah, je vois qu'on s'est compris. Bref, ils investissent les lieux sans rechigner pendant que le silence se fait dans le salon. *Bizarre...*

C'est le moment que je choisis pour sortir de ma cachette et proposer l'apéro. Mathieu et Adeline se sont installés, quant à Greg, il a disparu. Voyant mon air interrogateur, Adeline répond à ma question muette.

— Il est parti chercher son t-shirt. Ne t'inquiète pas, il va revenir ton chéri, me dit-elle sur un ton mièvre.

— Je ne m'inquiète pas, c'est que je ne l'avais pas entendu sortir, c'est tout, précisé-je, sur la défensive.

— Oh, du calme, cocotte ! Si t'avais vu ta tête !

— Quoi ? Qu'est-ce qu'elle a ma tête ? m'énervé-je.

— C'est quoi le problème ? Je pensais plutôt te retrouver détendue, si tu vois ce que je veux dire, ponctue-t-elle avec un clin d'œil.

— Mais... je suis tout à fait détendue ! m'agacé-je de ne pas pouvoir masquer mes émotions.

On y croit, Charlotte... Essaie encore pour voir.

Greg passe la porte à cet instant précis – effectivement vêtu de son t-shirt – et vient s'asseoir sur LE canapé.

Des images de nous me reviennent, et sans que je sache vraiment pourquoi, une bouffée d'angoisse me saisit. Pourquoi ai-je cédé si facilement ? Voilà la seule pensée qui ressort au souvenir de ce « frotti-frotta ». Putain, une vraie cinglée !

Afin de me sortir de cet état, je joue la parfaite hôtesse et sers tout ce petit monde, un faux sourire plaqué sur le visage. Je vois bien qu'Adeline n'est pas dupe. J'attends le moment où elle va vouloir me coincer entre quatre yeux. Une fois installée à mon tour, la discussion reprend bon train entre mes trois convives. Mathieu et Greg semblent avoir l'échange facile. Ça m'agace ! Pourquoi ? Je n'en sais strictement rien...

— Tu repars ce soir ? demande Mathieu.

— Oui. Tu sais, la route se fait bien. En moins d'une heure et demie, j'aurai regagné mes pénates, répond Grégoire.

— Tu vis où exactement ? En Vendée, c'est ça ? poursuit le mari de mon amie.

Greg évoque donc Fontenay-le-Comte et ses alentours. Il a l'air de beaucoup s'y plaire à la façon dont il en parle. Pour moi, l'évocation de son lieu de vie me ramène à Nathalie... À la vie de famille si simple et sereine à laquelle j'aspire tant, mais que je n'aurai probablement jamais si je continue à m'enticher de mecs qui m'en font voir de toutes les couleurs.

Je me lève comme si j'avais le diable aux trousses et me réfugie dans la cuisine, prétextant allumer le four pour réchauffer les pizzas. Adeline saisit l'occasion et m'emboîte le pas. Ça y est, je vais avoir droit à un interrogatoire.

— Bon, tu m'expliques ? demande-t-elle sans préambule.

— Je suis larguée, avoué-je à voix basse.

— Je ne te comprends pas... Le mec te bouffe des yeux, vient à toi pour arranger les choses et toi, t'es larguée ? Vous avez pu approfondir l'explication, non ?

— Ah oui, pour l'avoir approfondie, on l'a approfondie... Son ex est une psychopathe ! Elle s'est fait baiser par tout l'escadron.

— Oh putaiiiin !

— Ouais, comme tu dis. Mais... pff... je ne sais pas... J'veux, j'veux pas, ça m'angoisse, bordel ! Il est au top. Il présente ses excuses, il me charme, mais je me dis que c'est trop beau pour être vrai.

Je commence à bouillonner et à avoir du mal à contenir toute la colère qui m'assaille, et poursuis en haussant le ton malgré moi :

— J'ai quand même eu mon cul sur les réseaux, MERDE ! La prochaine fois, ce sera quoi ? Hein, tu peux me le dire ?

Adeline reste coite devant mon « craquage », et j'enchaîne. On ne m'arrête plus. Je fais les cent pas tel un lion en cage, m'agite en beuglant, si bien que je ne vois même pas Greg et Mathieu arriver dans la cuisine tandis que je reprends.

— Ah ça c'est sûr, il me bouffe du regard, et ce regard... Il pue l'amour et le sexe en même temps ! C'est pas possible que ça se passe bien ! Regarde, il a suffi de deux jours pour que je passe pour une débauchée sur Facebook. T'étais là, t'as vu comment j'ai vécu le truc. Maintenant tu oses dire que tu ne me comprends pas ! L'univers se fout de ma gueule ! Je vais péter un câble, Adeline, j'te jure !

— Je ne mesurais pas l'étendue de ce que tu avais pu ressentir, Charlotte. Je suis…

Quand on parle du loup… Un court instant, je suis tellement surprise de ne pas l'avoir entendu approcher que je me tais, me sentant ridicule de me donner en spectacle. Puis très vite, ses paroles calmement posées, alors que je suis dans un état énervement avancé, ont le don de me mettre hors de moi.

— Oh non, Greg ! Remballe ton « désolé » ou je ne réponds plus de moi ! Je suis barge ou quoi ? Faut pas être sorti de Saint-Cyr pour s'imaginer que me voir comme ça sur le net m'a fait vriller, nom de Dieu ! le coupé-je, telle une furie.

— Charlotte, les gosses ! Tu pouvais pas lui sortir tout ça quand vous étiez seuls ? me reprend Mathieu.

Je me stoppe net, pensant voir débarquer les enfants. Ouf, ils ne sont pas dans le coin. Il aura au moins eu le mérite de me faire taire avec cet avertissement. Faut que je me ressaisisse, je commence à m'inquiéter pour ma santé mentale.

Greg me regarde comme si j'allais me briser, Adeline n'ose plus parler et Mathieu, bah lui, est déjà passé à autre chose et grignote les olives d'une pizza.

— Désolée, je n'aurais pas dû crier comme ça, mais là, c'est trop pour moi, abdiqué-je.

— Pourquoi ne m'as-tu pas dit tout ça tout à l'heure ? demande Greg pendant que mes amis quittent la pièce.

— Entre le roulage de pelle et nos ébats sur le canapé ?

— Merde, Charlotte, fais un effort aussi ! Tu sais bien ce que je veux dire. Bien sûr tu as abordé les choses, mais à ta façon de le faire, je ne soupçonnais pas de telles émotions.

— Tu crois que c'est facile ? Avouer mes faiblesses, mes blessures comme ça devant toi ? Bah non, rien n'est simple. Je te crois quand tu me dis que tu n'y es pour rien, je t'assure. Je ressens des choses quand je suis près de toi, c'est indéniable, mais j'ai peur.

— Je peux comprendre, tu sais, et je l'aurais entendu aussi si tu me l'avais expliqué plus tôt. Et ce, même sans « le roulage de pelle et les ébats sur le canapé », essaie-t-il de mettre un peu de légèreté.

— Ouais, j'ai déconné quoi...

Il s'approche tout doucement, je croirais presque qu'il appréhende ma réaction.

— Mais non, arrête. Je ne regrette en aucun cas ce qui s'est passé aujourd'hui, même pas cette gueulante digne de ce nom. Moi aussi je ressens des choses près de toi, beaucoup. Mais moi, je n'ai pas peur. Alors, je vais rentrer chez moi et te laisser digérer les choses. Cependant, attends-toi à des appels, des messages, car je ne laisserai pas tomber. Hors de question, tu m'entends ? Je vais tout faire pour que tu n'aies plus peur, peut-être aussi te séduire à nouveau. À distance, c'est vrai, mais c'est peut-être l'espace qui t'est nécessaire. Je respecte ça, Charlotte, si c'est ce dont tu as besoin.

Qu'est-ce que je disais déjà ? Ah oui, « Trop beau pour être vrai »... Il est trop fort, non ? Comment ne pas craquer ? Il a réussi à me couper la chique avec les phrases que je rêvais d'entendre sans même le savoir.

29 - Grégoire

16 août 2018

> Bonjour, Charlotte, j'espère que tu vas bien et que tu as passé une bonne nuit. Si cela t'intéresse, moi, ça va. Non, en fait, pour être honnête ton silence devient… J'EN AI PLEIN LE C** !
OK, je t'ai proposé du temps, mais là, c'est à mon tour de péter une durite ! <

Si elle continue à se jouer de moi comme elle le fait en restant silencieuse, je file la chercher par la peau des fesses ! Merde ! Plusieurs jours maintenant que je lui envoie un message quotidien et que celui-ci reste sans réponse. À croire que chaque femme qui entre dans ma vie me prend pour son paillasson. Ah oui, ça, pour obtenir ma gentillesse et ma patience, y a du monde ! Mais à l'inverse, je ne récolte rien, nada, que tchi ! *Trop bon, trop con…*

Alors, ce matin, je me suis lâché dans mon SMS, espérant la faire réagir. En lui suggérant de prendre nos distances – géographiques, j'entends – je ne pensais pas qu'elle ferait la sourde oreille. Je suis déçu, énervé et frustré. Pour tout vous dire, y en a une autre qui me cause suffisamment de soucis, pas besoin de m'en rajouter.

J'ai appris il y a deux jours que Nathalie, à défaut de sa fameuse mission, se trouvait depuis vendredi soir au CHS[5] de La Roche-sur-Yon. Madame a dû craindre les foudres et sanctions de sa hiérarchie, et s'en est allée se faire hospitaliser. À moins qu'elle n'ait eu un regain de sens moral et ait pris conscience de la gravité de ses actes, mais cela… j'en doute. Me voilà bien suspicieux, me direz-vous. Non, j'ai simplement ouvert les yeux sur la femme qui a été la mienne toutes ces années. La chute a été rude. Elle connaissait tout de moi, de mon désir profond de ne jamais devenir comme mon père, ce queutard irrespectueux.

5 Centre hospitalier spécialisé.

Au fond, je ne savais d'elle que ce qu'elle voulait bien me livrer et ce que je voulais bien entendre ou voir. Avec du recul, je pense avoir occulté – plus ou moins volontairement – les traits de personnalité les plus sombres de mon ex. « L'amour rend aveugle », paraît-il, mais j'ai à présent recouvré la vue.

Entendons-nous bien, la pilule est difficile à avaler. Durant des mois, j'ai été, sans le savoir, le cocu le plus connu des casernes militaires de France et de Navarre tout en restant le mari fidèle et exemplaire que la vie a fait de moi. Finalement, il était impossible que notre couple dure, il n'était basé que sur des secrets et de la tromperie. Une publicité mensongère d'un quotidien à deux, ni plus, ni moins.

En attendant, c'est – encore – à moi de gérer cette merde, de rassurer les enfants sur le retour de leur mère, sans en connaître la date. Heureusement, ils ne semblent pas malheureux avec moi. Il ne manquerait plus que ça ! Moi qui envisageais ma reconversion pro, je la mets de côté jusqu'à la fin des vacances scolaires, ils sont ma priorité. J'ai suffisamment trimé lors de missions intérims de merde pour profiter un peu du système. Oui, c'est moche, et je ne le crierai pas sur tous les toits, mais c'est la seule solution que j'ai trouvée pour être auprès d'eux et leur faire « oublier » l'absence de leur maman. Seul inconvénient de ces quelques jours chômés : ça me laisse également du temps pour ruminer...

Je profite du fait qu'Hugo et Lola soient devant un dessin animé pour me refaire un café et consulter mes mails, quand mon téléphone m'indique un message. J'ouvre l'application sans grande conviction, et pourtant...

> Bonjour, Greg. Je suis navrée d'avoir gardé le silence jusqu'ici. J'aurais dû te répondre plus tôt, je le sais et j'en avais envie, mais il fallait que je fasse le point. Toutes ces histoires de photos, de mensonges et de malentendus ont eu sur moi plus d'impacts que je l'aurais voulu, jusqu'à générer beaucoup d'angoisse. Il me fallait ces quelques jours pour m'occuper de moi, m'apaiser, me calmer pour revenir vers toi de manière sereine et sincère. J'espère que tu me pardonneras, car je n'ai pas fait cela dans le but de te repousser. Non, je voulais juste être sûre de mes envies. Sache que chacun de tes mots m'a touchée. À bientôt, j'espère. **<**

Il faut croire que j'ai bien fait de la bousculer un peu ce matin. Je dois dire que ce message a le don de me redonner le sourire, même si j'essaie de ne pas me réjouir trop vite.

Avec Charlotte, on n'est jamais sûr de rien !

> Ravi que tu aies pu prendre soin de toi et que tu sois sûre de tes envies. D'ailleurs, j'aimerais bien que tu m'éclaircisses sur ce qu'elles sont… <

> Ouf ! J'ai craint que tu ne sois trop en colère pour me répondre… <

> Si tu avais laissé traîner davantage les choses, je crois que je t'aurais fait ramer. Mais tu n'as pas répondu à ma demande de précisions. <

> J'ai eu chaud alors ! Sur mes envies ? <

> Oui, sur tes envies. <

> Eh bien… j'avais besoin de faire le tri : ai-je envie qu'il me séduise (comme tu l'avais mentionné avant de partir de chez moi), suis-je prête à y répondre. Voilà quoi. <

> Donc, tes conclusions ? <

> Oh, bah, fais un petit effort !! <

> Non, après m'avoir fait languir c'est à toi de faire l'effort. <

> Peut-être bien que j'aimerais voir comment tu vas t'y prendre pour me rassurer et me séduire à distance. <

> Ah, OK. <

Les réponses se sont enchaînées telle une partie de ping-pong, mais à présent j'ai bien envie de la faire patienter un peu. Oui, moi aussi je peux être joueur. Je reprends là où j'en étais – mails et café – et la laisse s'agacer sur son portable. Je prends même la liberté d'aller embêter un peu les enfants, de plier du linge et d'en remettre à sécher sur le balcon. C'est presque jouissif de la voir répliquer avec autant d'impatience après les grands silences qu'elle m'a infligés.

> Donc… c'est tout ?

> Sinon, je ne t'ai même pas demandé comment tu vas.

> Greg ?

> C'est vraiment comme ça que tu comptes m'attraper dans tes filets ? Par tes silences ?

> En fait, tu veux me faire payer mes « non-réponses » ?

> Je suis désolée. Ce n'était pas malin de ma part…

> Je ne savais pas comment faire autrement. J'avais vraiment besoin de ces quelques jours.

> Mais… je me suis rendu compte que… tu me manquais.

> Un peu…

> Peut-être même beaucoup…

> GREG ! C'est pas drôle !!!!!!!! <

Elle méritait bien de savoir ce que ça fait, non ? OK, ce n'est pas très fin, mais que voulez-vous, j'en ai marre que les femmes m'en fassent baver. Plus question de me faire balader, c'est terminé ! Au bout d'une petite heure, je décide de cesser cette mauvaise blague.

> En effet, ce n'est pas drôle. Mais moi aussi j'avais besoin de temps. Pour mesurer ton degré d'envie. <

> OK, j'ai compris… Ça m'apprendra. <

> Tu ne vas plus disparaître alors ? <

> Non, promis. <

> Tant mieux, parce que je ne compte pas lâcher l'affaire. <

> C'est noté. <

> Juste pour info, si j'avais vraiment voulu te le faire payer, tu ne pourrais plus t'asseoir. <

> Euh… tu attaques fort ! Ce n'est plus de la séduction là ! <

> Tout de suite les idées mal placées ! Voyons, Cha, je serais venu te chercher par la peau des fesses, voilà tout. <

> Ah ! J'ai eu peur ! <

> Peut-être que tu devrais… <

> Qu'aurais-tu fait après ? <

> Des choses que je ne peux pas dire à l'heure qu'il est… <

> Ohh ! <

> À ce soir alors. <

Je la laisse, à regret, mais bien décidé à poursuivre notre correspondance plus tard. Vivement ce soir…

30 - Charlotte

Grégoire est devenu ma faiblesse, voilà, c'est dit. Oh ça va, hein, je vous vois venir avec vos « on le savait » ! Osez me dire que vous n'auriez pas craqué. Bon, je vois qu'on est d'accord. En même temps, après ces quelques jours à le laisser sans réponse, je me devais bien de le recontacter. Cela dit, j'avais vraiment besoin de ça. Je devenais folle !

Quand lundi matin, au cours d'un café en terrasse, je me suis confiée à Flora au sujet de mes crises d'angoisse – tout de même moins importantes depuis mes retrouvailles avec Greg – elle m'aurait presque conduite de force chez une de ses connaissances, psycho pratiquant l'EMDR[6]. Je m'entends de nouveau lui dire :

— Ouais, ouais, MDR aussi !

Oh, je sais, ce n'était pas très subtil, mais ignorant le procédé, je me suis cachée derrière ma blague à deux balles.

— E.M.D.R, Charlotte ! Arrête tes conneries, je suis sérieuse, merde !

— Avec les sous-titres, ça donne quoi ?

— Eye Movement Desensitization and Reprocessing, en gros c'est une stimulation oculaire qui permet de traiter les traumas, mais pas que. Enfin, elle t'expliquera mieux que moi. Il paraît que ça marche super bien pour enrayer l'anxiété, m'avait-elle expliqué.

C'est ainsi que je me suis retrouvée dès le lendemain chez cette thérapeute pour une première séance.

---

6 - Le sigle EMDR vient de l'anglais Eye Movement Desentitization and Reprocessing, qui signifie en français «Désensibilisation et Retraitement par les Mouvements Oculaires». Initialement développée à la fin des années 80 par Francine Shapiro, cette technique est devenue populaire pour son efficacité dans le traitement du syndrome de stress post-traumatique et des phobies.

Forcément, ça aide d'être l'amie d'une amie. *Merci, Flo !* La seconde a eu lieu ce matin, avant mon fameux message d'excuses, et je dois dire que je vais beaucoup mieux. Je ne veux pas crier victoire trop tôt, mais il faut être honnête, malgré mon scepticisme, cette méthode s'avère assez efficace.

Ce qui semble efficace également, c'est le retour de ce jeu de séduction qui m'avait beaucoup manqué. Je reconnais ma faute, si c'en est une. J'ai fait traîner les choses, mais me recentrer sur moi était nécessaire. Je crois que toutes mes déceptions – sentimentales ou non – mes craintes, ma naïveté et mon manque de confiance en moi, ont resurgi et m'ont submergée à la suite de mon exhibition involontaire sur internet. Il était donc urgent de faire place nette et de me reprendre. Là, en revanche, je ne peux plus me mentir ou le nier, Greg me plaît et son contact, même à distance, me galvanise. À présent, je trépignerais presque en attendant un nouveau SMS. *Putain de merde, il va me rendre accro !*

Pour m'occuper l'esprit, j'entreprends de mettre le nez dans le boulot, comme les jours précédents – entre deux introspections. Au programme : tri de cartable, de trousse, révisions de fiches. Quand je dis ça, j'ai toujours l'impression d'avoir huit ans... Vous vous êtes dit la même chose, avouez ! Bref, en instit méticuleuse que je suis – non, je ne suis pas à l'ouest quand il s'agit de mon travail – je ne laisse rien au hasard avant une rentrée scolaire. Il ne s'agit pas seulement d'être au taquet pour la reprise, c'est toute une année à organiser. Musique pour l'ambiance, matériel étalé sur la table basse, je m'attelle à cette préparation aussi nécessaire d'un côté « pratique » que psychologique. Les vacances sont bientôt finies... Rangez vos banderoles, je vous vois venir ! Pour votre information, nous, professeurs des écoles, reprenons le boulot avant l'arrivée de vos bambins. *Nananère !*

Bien que concentrée sur ma tâche, mon traître de cerveau ne cesse de me rappeler que j'ai négligé ma famille ces dernières semaines. Je m'octroie donc une pause pour téléphoner à mes parents. N'ayant répliqué que par un bref message à leurs multiples appels depuis mon retour de Dordogne, je leur dois bien une conversation autre qu'avec mon répondeur. Nous n'avons jamais été très forts sur les confidences, je me contente donc de leur décrire les paysages, les lieux visités, passant outre mes rencontres, mes amours, mes emmerdes. Ça m'évite les réflexions qu'ils me dispenseraient le cas échéant. Ils sont passés maîtres en matière de pessimisme depuis que j'ai choisi une profession qu'ils jugent « en deçà de mes compétences ».

Entendons-nous bien, je ne doute pas de leur amour. Je crois simplement qu'ils me surestiment et nourrissent encore quelques rêves pour moi. Ainsi, ils discutent très souvent mes choix, considérant que j'aurais pu « faire mieux ». Ils pensent me booster, j'en suis certaine, mais dans le fond... l'effet est inverse.

La journée s'achève et finalement, elle est passée relativement vite. Cela dit, je me suis surprise à vérifier le son de mon portable toutes les dix minutes ; mais ça, vous le gardez pour vous, OK ? Sur fond de ***Boulevard des airs***, je me prépare un encas, avec ce sentiment agréable qui papillonne dans mon ventre. Cette certitude que tout va aller mieux. Prenez-moi pour une idiote si ça vous chante – ce ne sera pas la première fois... – mais mon pétage de plombs relatif suivi de ma prise de recul m'a permis d'avancer et de savoir où je veux aller.

Les bras de Grégoire semblent être la destination parfaite et la chanson qui résonne à ce moment précis reflète tout à fait mon état d'esprit :

« Emmène-moi voir la mer, fais-moi voir l'océan [...]

Aime-moi dans le vent. »[7]

Greg a tant de fois pris les devants que je ne résiste plus et lui envoie par SMS le lien vers cette chanson, en espérant que le message soit assez clair.

Assez fière et soulagée d'assumer enfin ce que je ressens, je m'installe sur le balcon avec mon assiette de crudités et ma tartine de rillettes, en visionnant pour la première fois les clichés que Grégoire et moi avions faits de nous. Un sourire niais collé au visage, je pose aujourd'hui un regard bien différent sur ces photos. Avec nostalgie, c'est indéniable, mais aussi avec cette impatience, cette envie d'écrire la suite de notre histoire. Greg n'aurait, d'ailleurs, pas pu choisir meilleur instant pour sa réponse, un extrait musical lui aussi :

« T'es ma béquille, mon carglass qui répare

T'es mon atèle, mon calmant, mon Hépar

T'es mon futur qui tuera mes ex

T'es ma stature, mon Viagra, ma Contrex. »[8]

Pff, aidez-moi, j'vais fondre !!

---

7 ***Emmène-moi*** de Boulevard des airs

8 ***Tout le temps*** de Boulevard des airs

Ouais, OK, les paroles ne semblent pas romantiques de prime abord, mais lisez entre les lignes, vous comprendrez.

Il y a tant de paradoxes en lui qu'il me pousse à la curiosité, et plus encore. Il peut se montrer aussi cultivé que drôle, sentimental que dominant, comment voulez-vous résister ? Je prends le parti de la jouer timide, mais sensible à ces paroles en lui envoyant un simple smiley souriant et rougissant. Je veux qu'il soit aux commandes, j'aime qu'il le soit. Avec cette émoticône, je le laisse prendre la main. Il s'en saisit d'ailleurs rapidement, puisque je n'ai pas le temps de reposer mon téléphone qu'un message de Greg arrive.

> Touchée ? Imagine l'effet de ton message sur moi alors ! Je te l'ai déjà dit, je t'emmène voir la mer quand tu veux. <

> Touchée, oui. Et plus encore… <

> OUF, c'est un extrait un peu… casse-gueule. J'espérais que tu en comprennes le sens caché. Mais, dis-m'en plus, Cha <

> Alors comme ça, je suis ton Viagra ? <

Mais quelle conne ! À croire que je ne peux pas trouver un truc intelligent à dire…

> Ahh, tu veux aller sur ce terrain-là ? <

> Pas forcément. Je ne savais pas trop quoi t'en dire. Tu m'as troublée. Ton terrain sera le mien… <

> Hum, j'aime cette réponse. <

Là encore, il me laisse sans voix. J'attends donc qu'il poursuive. Il me questionne sur ma journée, puis nous enchaînons sur quelques banalités, avant de passer aux choses… « sérieuses ».

> Fais-moi rêver, comment es-tu habillée, Cha ? <

> J'ai mon short en jean et ce débardeur ample que tu avais beaucoup aimé. <

> Oh oui, je m'en souviens très bien. À la fois sensuel et embarrassant ce t-shirt. <

> Ah oui ? Pourquoi embarrassant ? <

> Parce qu'il fait semblant de masquer un corps bien trop attirant, tout en laissant apercevoir cette peau dont j'aime tant me délecter. <

Il a le don de me rendre muette. Que répondre à ça ? Avant même que je ne trouve une répartie bien sentie, il continue.

> Il me donne envie de te l'arracher, de te dévorer, de te malmener comme jamais. <

Gloups. Ouiiiii, malmène-moi !!! Je vous laisse imaginer la suite de cet échange… Ouais, j'suis vache ! Mouahah ! Coups de chaud assurés !

31 - Grégoire

Comment rester de marbre en l'imaginant dans ces foutues fringues ? C'était inhumain, oui, vraiment. Pour la première fois de ma vie, j'ai fait l'amour à une femme – et quelle femme ! – de façon virtuelle. Le plus étonnant ? J'ai pris un pied d'enfer, sans même la toucher. Croyez-moi, j'ai vécu un truc de malade en la prenant brusquement par la simple force de mes mots, la conduisant à l'orgasme grâce à mes directives. Je m'étais rarement senti aussi... moi. J'ai toujours aimé être aux commandes lors de nos ébats, mais sous cette forme, c'est vraiment grisant. Décidément, avec Charlotte, je suis amené à vivre des moments dont je ne soupçonnais pas l'intensité.

Alors, depuis une dizaine de jours, nos soirées se suivent et se ressemblent, même si nous débordons d'imagination. Chacun sur son clavier, rivalisant d'idées et de mots bien choisis pour faire grimper l'autre par téléphone interposé. Ne vous méprenez pas, notre relation ne se résume pas à nos échanges torrides du soir, non. Nous ne nous quittons jamais sans aller au-delà de nos envies ou besoins physiques. Les débuts ont été maladroits, mais aujourd'hui, Charlotte et moi arrivons à aborder nos émotions et sentiments plus aisément, si bien que nous utilisons plus régulièrement les appels. Nos journées ne sont pas en reste, le message du matin conditionnant ceux à venir. Nous profitons l'un et l'autre des derniers jours de vacances pour nous apprivoiser et nous octroyer du temps dès que l'on peut.

Cela dit, la frustration commence sérieusement à se faire sentir. À l'approche de la reprise de Charlotte, mon besoin de la voir devient presque violent. D'autant que malgré ma décision de retarder mes recherches, je fais, moi aussi, bientôt ma rentrée. Encouragé par Charlotte et au comble de ma motivation, j'ai finalement décroché un stage long en photographie.

Certes, ce ne sera pas aussi complet qu'une formation certifiante, mais l'expérience et les conseils du professionnel me permettront de confirmer mon choix de carrière. Il est temps ! Seul hic, cela représente plusieurs semaines avec plus de kilomètres au compteur que d'habitude et donc une organisation pour la garde des enfants.

En apprenant ces nouvelles par téléphone – absence de Nath et nouveau départ pour moi – ma mère a décidé de venir passer une petite semaine chez moi. J'appréhende un peu sa présence parfois envahissante, mais au moins je sais que je peux compter sur elle en toute circonstance.

Vous comprendrez aussi pourquoi je suis si frustré, qui dit ma mère dans les parages, dit pas de Charlotte. Hors de question de lui faire peur avec des présentations. C'est trop tôt.

— Papa, regarde, mamie arrive ! m'informe Hugo en pleine surveillance du parking.

— Descends de là, bonhomme, va plutôt lui ouvrir la porte avant qu'elle soit embêtée avec ses bagages, lui intimé-je alors qu'il escalade la barrière de sécurité du balcon.

Pourquoi est-elle venue avec tous ces sacs ? On s'est pourtant mis d'accord sur cinq jours. *Au secours !* J'aime beaucoup ma mère, n'en doutez jamais, mais de là à vivre avec… Elle est une des rares constantes de ma vie, n'ayant pu conserver les liens avec mes amis comme je l'aurais souhaité, du fait de mes nombreux déménagements. Bien sûr, certains sont restés très importants pour moi et la réciproque est vraie, mais la distance, les occupations de chacun n'ont pas favorisé les amitiés. Ça aussi, il est temps que ça change.

Je file l'aider pendant qu'Hugo trépigne déjà à l'idée de découvrir les surprises dont ma mère a le secret. *Voilà, les sacs, ça ne peut être que pour ça, non ?* Elle lâche d'ailleurs les fameux bagages dès qu'elle m'aperçoit et vient me saluer d'une accolade digne de retrouvailles d'après-guerre.

— Comme je suis contente de te voir ! T'es tout bronzé, dis-moi !

— On a un bel été, ça aide. Moi aussi ça me fait plaisir. Allez, viens, y en a qui t'attendent de pied ferme, l'invité-je à rejoindre les enfants.

Lola et Hugo lui sautent dessus à peine le pas de la porte franchi, des « mamies » résonnant dans le couloir. On a beau dire, malgré les kilomètres qui nous séparent, les enfants ont tissé des liens très forts avec leur grand-mère et inversement.

Je laisse ma mère investir ma chambre – je me contenterai du canapé le temps de sa visite – vais préparer le goûter des loulous et du café pour nous. Tout ce petit monde débarque en cuisine dans une ambiance assez bruyante. Inutile d'essayer de discuter, les enfants monopolisent leur mamie, fort heureusement en baissant le volume de leurs voix criardes au fil des échanges.

Les gâteaux tout juste avalés, les enfants sortent de la pièce afin de déballer les cadeaux apportés par ma mère.

— Alors, raconte-moi tout. Nathalie, quelle histoire ! Elle sort bientôt ? Et vos vacances ? demande-t-elle sans perdre une minute.

— Comme je te l'ai dit au téléphone, Nath est hospitalisée, à son initiative, mais je n'en sais pas plus. Quand sort-elle ? Quels motifs ? Je ne peux pas te répondre. Quant aux vacances, elles auraient pu tourner mal si nous étions restés plus longtemps. Tu sais, avec du recul, je crois que Nathalie est bien plus...

— Mauvaise, malade ? Ce sont bien ces mots-là que tu cherches, non ? me coupe-t-elle.

Je savais que ma mère n'était pas la première fan de Nathalie, cela dit, je suis surpris qu'elle en parle en ces termes sans plus d'émotion. À croire qu'elle pressentait tout ça.

— Oui, ce sont probablement les bons termes, confirmé-je, las de ressasser cette situation.

— Bon, nous sommes d'accord sur ce point. Mais passons, il sera toujours temps d'y revenir à sa sortie, me surprend-elle.

Elle poursuit en essayant de creuser davantage sur ma rencontre avec Charlotte, dont je lui ai vaguement parlé un soir où elle me tannait sur le fait de refaire ma vie. Je suis resté évasif et ne suis pas rentré dans les détails. Maintenant qu'elle est là, qu'elle connaît son existence, elle tente par tous les moyens de me faire parler de Charlotte en guettant la moindre de mes mimiques. Elle aurait pu faire carrière dans les services secrets. Je la contente en lui fournissant plus d'informations – ce qu'elle fait comme travail, où elle vit... – tout en essayant de rester assez neutre. Je ne veux pas qu'elle s'emballe plus que moi.

— Vous vous êtes donc revus ? Le courant passe toujours ?

— Oui, le courant passe toujours.

— Et... c'est tout ? Oh, tu peux bien me le dire, tu es amoureux ? Les enfants, qu'en pensent-ils ?

— Maman, stop ! Tu sais que je n'ai plus dix ans, rassure-moi ? On n'en est pas là. C'est une histoire qui démarre, rien ne sert de brûler les étapes, freiné-je ses élans.

— Pas besoin de t'énerver, Grégoire. À la façon dont tu en parles, je vois bien qu'elle est importante pour toi, cette jeune femme. Je sais que je peux me montrer curieuse, ce n'est pas pour te mettre mal à l'aise, je m'intéresse, c'est tout. Il serait temps que tu sois heureux, vraiment.

— Je sais, maman, mais tu n'as pas à tout savoir non plus.

— Tu as raison, c'est vrai, admet-elle, songeuse.

Alors que je pensais le sujet clos, elle reprend, semblant réfléchir à voix haute :

— Vous ne pouvez pas construire une histoire à distance, ça ne peut pas être viable. Même si Angers n'est pas si loin. Si tu tiens vraiment à elle, profite de ma présence, file la retrouver. Tu mérites bien un peu de bon temps.

Je tombe des nues. L'idée m'avait traversé l'esprit, je ne vais pas le cacher, mais je ne me voyais pas lui demander de garder les enfants alors que nous ne nous sommes pas vus depuis plusieurs mois. En revanche, je serais vraiment le roi des cons de refuser ça, l'opportunité est trop belle. J'ai presque envie de partir tout de suite.

— Merci, tu n'imagines pas l'épine du pied que tu me retires.

Une bise sur la joue plus tard, je prends mon téléphone :

— Allô ?

— Cha, prépare tes affaires, je t'emmène voir la mer.

32 - Charlotte

Oh mon Dieu ! Est-ce que j'ai vraiment compris ce qu'il vient de dire ?

— Quoi ? Tu veux dire... maintenant ? demandé-je.

— Disons dans deux ou trois heures. Je passe chez toi et on voit. Soit on part directement, soit on attend demain matin. Je te laisse décider de ce timing-là. Pour le reste, je gère.

— Mais, je... tenté-je d'argumenter.

— Non ! Pas de « mais ». Tu en as envie ou pas ? me questionne-t-il.

— Évidemment que j'en ai envie !

— Alors voilà la seule réponse que je voulais entendre. À tout à l'heure, Charlotte. J'ai hâte.

— Ouais... OK, je ne trouve rien de mieux à dire, autant sous le choc qu'excitée de le retrouver.

Merde, il a déjà raccroché...

Ces derniers temps, il ne cesse de me surprendre, mais là, il fait fort ! Ni une ni deux, j'interromps toutes mes activités en cours et file préparer un sac. J'y mets des affaires pour le week-end, sachant que je reprends lundi, il ne peut pas me « kidnapper » plus de deux jours. Une fois mon bagage prêt, direction la salle de bain pour un petit rafraîchissement et « élagage » si vous voyez ce que je veux dire...

Après ma douche, je tente de discipliner mes cheveux, qui mériteraient bien une coupe, et m'apprête pour le recevoir comme il se doit. C'est seulement à ce moment-là, devant mon miroir à moitié vêtue, que je réalise. Je vais enfin le revoir !

Après bientôt quinze jours de messages et d'appels, il ne pouvait pas trouver meilleure idée pour répondre à mon besoin de le retrouver, pour de vrai.

Il ne m'a pas menti. Il a tout mis en œuvre pour me rassurer, me séduire, il a réussi le défi haut la main. Il a fait de moi une vraie boule d'envies, de frustrations et d'impatience. Chacun de ses SMS m'a chamboulée, rendue dépendante de cette correspondance, de lui, tout simplement. Greg s'est révélé très doué en la matière. Allant du petit mot attentif au billet plein de promesses, sans oublier d'éveiller tous mes sens. À croire que mon téléphone comme ses paroles sont directement reliés à mon cœur et... mon bas-ventre. Oui, je vous le dis sans honte, il m'a carrément allumée, mais a su se montrer aussi bienveillant, respectueux qu'il avait pu l'être lors de nos vacances. Quoique... à présent, nous flirtons souvent avec l'indécence.

Là, on y est. Je suis prête, bien décidée à lui faire une place dans ma vie. *La foule est en délire : hourra ! Et une Ola pour Charlotte !*

Ouais, moquez-vous, je m'en fiche, je pars voir la mer avec Grégoire.

Vingt heures arrivent, en même temps que mille questions me viennent à l'esprit. Ses sentiments se sont-ils autant développés que les miens ? Allons-nous retrouver la même alchimie que lors de nos échanges à distance ? Sera-t-il content de me voir ? *Bah non, pauvre cruche, il vient à toi, mais il s'en bat les c... pff, navrante.*

Plus le temps de tergiverser, la sonnette retentit. Mon reflet dans la fenêtre du salon semble se foutre de moi, mais j'y vais. Je cours presque lui ouvrir. Il est là, tout sourire. Vêtu d'un bermuda noir et d'un t-shirt blanc faisant ressortir le teint hâlé de sa peau, il est encore plus beau que la dernière fois. Décidément, je ne sais pas de quoi il se nourrit pour être aussi... à croquer ! Mais à cet instant, c'est Greg qui me croque, me dévore la bouche sans même prononcer le moindre mot. Tout en maintenant ses lèvres sur les miennes, il me fait pivoter et claque la porte du pied. Je m'accroche à lui comme pour l'empêcher de s'arrêter, savourant son corps contre le mien et ce baiser qui efface toutes mes interrogations.

Greg vient me grignoter le cou et me souffle :

— Je te veux nue, tout de suite, Charlotte.

Oh, putain ! Je vous assure que le simple timbre de sa voix m'électrise, là, plus au sud. Je lui prends alors la main et le guide jusqu'à ma chambre, des idées bien peu orthodoxes en tête.

À peine arrivés dans mon refuge, il m'attrape par les hanches puis me fait reculer jusqu'à ce que mes jambes rencontrent mon lit. Je me sens la plus belle au monde quand ses pupilles incendiaires me fixent tout en faisant glisser ses mains le long de mon corps.

— Déshabille-toi, Cha, m'ordonne-t-il.

En voyant mon regard insolent, il ajoute à voix basse :

— S'il te plaît, je n'en peux plus.

Je m'exécute. Les bretelles de ma robe rouge descendent sur mes épaules, dévoilant le galbe de ma poitrine. Je me régale de le voir affamé et poursuis mon effeuillage avec une lenteur tout juste maîtrisée. Mes paumes sur mes seins, à défaut de soutien-gorge, je me dandine pour faire tomber mon vêtement à mes pieds.

— Ne te cache pas avec moi, Cha, jamais.

À ces mots, j'expose ma poitrine à son regard fiévreux que je soutiens en pinçant les lèvres.

— Hum, parfaite. Tu es magnifique, Charlotte.

Mon self-control s'évapore, je me rue sur ses lèvres et en mordille la partie la plus charnue. Mes doigts se frayent un chemin sous son t-shirt que je fais rapidement disparaître et quel délice de toucher sa peau ! Je reviens à sa bouche avec un furieux désir de le mordre. *Hum, j'en mangerais !* Quant à lui, il ne perd pas de temps et me caresse de ses mains fermes, oubliant la délicatesse pour pétrir mon corps avec gourmandise. Je n'ai toujours pas formulé une seule parole, en revanche je ne peux plus retenir mes gémissements.

Reprenant le contrôle de la situation, Greg me fait allonger sur le lit, seulement vêtue de mon tanga en dentelle, et ôte le reste de ses vêtements. Je ne crois pas me souvenir d'un pareil regard sur moi, pourtant nous avons déjà passé de nombreux moments intimes. Mais là, face à son attitude aussi virile que carnassière, l'intensité est telle que je me liquéfie sur place.

— Je t'en prie, viens, le supplié-je.

— Ah, je suis ravi de constater que tu n'as pas perdu ta langue. Hum, cette langue, si tu savais comme j'ai hâte de la sentir sur moi.

Achevez-moi ! Sa voix, ses mots et tout ce qu'il dégage me font vibrer d'envie et d'impatience. Je le veux sur moi, en moi, partout ! Le voilà nu, son sexe dans sa paume, il se joue de moi en amplifiant son geste le long de son membre.

Moi aussi, je peux jouer. J'écarte les cuisses et mes doigts se dirigent sous l'élastique de ce petit bout de tissu qui ne cache plus grand-chose de mon intimité. Il écarquille les yeux devant mon plaisir solitaire et n'en perd pas une miette lorsque mon index me visite avant de venir taquiner mon bourgeon sensible.

N'y tenant plus, il me retire mon dessous et sa langue vient remplacer mes doigts. Oh mon Dieu, qu'il est doué ! Il prend possession de mon sexe trempé. Sa bouche s'active sur mon clitoris alors que son majeur entre en moi d'une façon délicieuse, me conduisant aux prémices d'un orgasme fulgurant. Mais il en décide autrement, me réduisant à la frustration comme à la curiosité d'une suite prometteuse.

— Je veux que tu jouisses autour de ma queue.

— Alors viens, Greg, j't'en prie.

L'expression de son visage m'indique que ma supplique le galvanise. Il revêt son membre d'un préservatif – sorti de nulle part – me couvant toujours de ses prunelles assombries par sa faim de moi. Par le passé, je me suis souvent détournée de ce genre d'œillade. Avec lui, je ne me force pas, je la cherche, j'en ai besoin. Ce que j'y perçois est aussi impudique qu'attentionné et j'espère qu'il lit la même chose dans mes iris. Je suis avide de lui.

33 - Grégoire

Je me glisse en elle, avec une certaine retenue, mais une infinie délectation, putain, ce que c'est bon ! Charlotte est tellement réceptive à mes désirs, comme je le suis des siens d'ailleurs, que notre corps à corps relève d'un vrai fantasme. Déjà tout à l'heure quand, docile et néanmoins insolente, elle a répondu à mes directives sensuelles, je la trouvais magnifique. Là, étendue, mes avant-bras encadrant son visage sur lequel se reflète sa soif de moi, son expression ferait se damner un saint.

Je mets alors dans mes va-et-vient tout ce qu'elle m'inspire. La tendresse, l'attirance et mon appétit insatiable d'elle, de ses formes, de ses gémissements qui alimentent chacun de mes mouvements. Une drôle de sensation envahit mon ventre, ma poitrine, sans que je puisse l'identifier. J'accélère la cadence sans jamais la quitter des yeux. Je me repais de chaque son, chaque geste, en prenant soin d'observer ce qui lui fait perdre la tête. Je l'entraîne en un balancement souple afin qu'elle se retrouve sur moi, toujours ancré dans sa chaleur qui m'enserre à mesure de ses coups de reins. Me redressant, je cajole ses seins de ma bouche et malmène ses fesses de mes mains. Ma douce torture semble lui faire perdre la tête comme la maîtrise des ondulations de son bassin. Me laissant retomber en arrière, je reprends le contrôle, empoigne ses hanches délicieuses en m'activant sous elle. J'imprime alors un rythme endiablé, je veux la faire décoller, et moi avec. Je n'en peux plus, j'ai ce besoin urgent de me déverser en elle.

— Greg ! gémit-elle en s'accrochant à mes bras.

Mon regard se pose immédiatement sur le sien, et ce que j'y lis me retourne complètement. J'ai l'impression qu'il me dit tout ce que j'ai envie d'entendre et qu'il répond à ces fameuses vibrations logées à des endroits trop longtemps dénués d'émotions. *Un putain de romantique aux idées salaces, voilà ce qu'elle fait de moi...*

— Oh Cha, j't'en prie !

— Oui, Greg, encore ! me somme-t-elle tout en levant les yeux au ciel.

— Reste avec moi, regarde-moi !

Ses pupilles dilatées me transpercent, tandis que les miennes semblent la faire frissonner. Mes paumes s'agitent sur sa croupe, mes doigts effrontément proches d'une partie d'elle que je ne connais pas encore. C'en est fini, je vais exploser ! L'orgasme est là, ne demandant qu'à exulter. Sa jouissance silencieuse, mais ô combien délicieuse à regarder, déclenche la mienne dans un râle viril et libérateur.

Bordel de merde, quel pied !

Elle s'effondre sur mon torse, tandis que nos respirations erratiques et les battements de nos cœurs semblent se répondre. Je la serre tout contre moi, dégageant ses cheveux que je me surprends à humer au passage et voilà, je me sens chez moi.

— Bienvenue chez moi ! me dit-elle subitement.

Soit elle a lu en moi – ce dont je doute – soit sa maladresse la pousse à combler le silence, ce qui est beaucoup plus probable. Du Charlotte tout craché ! J'en ris, mon sexe pourtant encore au creux de son intimité. Elle me rejoint dans cette euphorie et, une fois le calme revenu, elle poursuit en caressant ma joue :

— Je suis contente que tu sois là, vraiment.

Je réponds à ce trop-plein d'émotions par un baiser tendre, espérant que le message passe aussi bien que ses mots.

Finalement, après une douche rapide et un dîner sur le pouce, nous prenons la route en direction des Sables-d'Olonne. Le début du trajet nous permet de nous raconter les dernières nouvelles et d'envisager notre week-end sur la côte, à commencer par trouver l'endroit où nous pourrons dormir. Ne sachant pas si Charlotte souhaiterait partir dès ce soir, je n'ai rien loué. Cela dit, vu le nombre d'hôtels, campings et résidences dans le coin, je ne m'inquiète pas outre mesure. En consultant son téléphone, c'est un hôtel moderne face à la grande plage, qui retient son attention. Un appel nous confirme notre bonne intuition, la chambre est réservée. Charlotte est d'un enthousiasme tel à l'idée de la vue sur la mer, qu'elle finit par pousser la chansonnette sur les airs de sa playlist. Elle revient d'ailleurs à deux ou trois reprises sur un morceau qui résume plutôt bien notre périple et nos envies.

« Tu pourrais, tu pourrais m'emmener très loin,
Une vague, un nuage en me tenant la main.
Tu pourrais, tu pourrais me dire que tu as tout,
Tout ce que j'attendais en soufflant sur mon cou.
Emmène-moi en balade, le long des quais ou en forêt.
Tu pourrais me rendre malade, en un mot tu pourrais.
Le ciel serait d'accord, il aime les choses simples.
Mon cœur contre ton corps, si tu aimes les choses simples.[9] »

Soyons honnêtes, elle chante comme une casserole, mais je me régale de la voir aussi heureuse. Quant à moi, une main sur le volant et l'autre reposant sur sa cuisse, je dois afficher un sourire des plus niais, mais si vous saviez comme je m'en tape ! Personne ne viendra gâcher ce moment. En moins de deux heures nous voilà arrivés. Il fait déjà nuit, cependant je prends le temps de longer le remblai afin de faire découvrir la côte sablaise à une Charlotte ravie de ce choix de villégiature.

— Tu me vends du rêve là, Greg. C'est très joli, interrompt-elle ma béatitude, tout sourire.

— J'espère te faire rêver dans bien d'autres endroits, lui précisé-je en accentuant la pression sur sa cuisse.

— Je n'attends que ça, m'achève-t-elle en passant sa langue sur sa lèvre inférieure.

J'y passerais bien ma langue moi aussi. Ça y est, j'ai chaud... encore !

L'établissement que nous avons choisi ne faisait pas dans la publicité mensongère. La façade grise et rouge possède de grandes fenêtres sur toute la hauteur du bâtiment, promettant bel et bien une vue sur l'océan. Que dire de la chambre ? Baies panoramiques avec accès sur un balcon privatif, lit king size, petit salon et salle de bain composent notre cocon pour les heures à venir, et je compte bien en explorer chaque recoin avec Charlotte. Sous la couette et au creux de mes bras, Charlotte caresse distraitement mon torse tout en contemplant l'extérieur. Nous n'avons pas voulu nous couper de ce que nous offre le paysage, les volets et rideaux sont donc ouverts, la lune éclairant faiblement la pièce.

Nos retrouvailles ardentes du début de soirée ont laissé place à des ébats plus lascifs et tendres après la découverte de notre nid.

9 *Les choses simples* de Jenifer et Slimane.

À présent repu, aucun de nous ne semble trouver le sommeil, ni même le chercher. Nous profitons l'un de l'autre, entre de brefs silences et de longues conversations intimes.

Elle se livre ainsi sur les séances qui l'aident à faire face à ses angoisses, comme sur les raisons de celles-ci dont elle prend conscience au fil de ce travail intérieur. C'est fou ce que le cerveau est capable de refouler pour avancer. Elle m'apprend qu'elle a toujours été centrée sur ses amis et sa famille, a pris une place de confidente et de pilier, mettant souvent de côté ses propres envies ou besoins. Pour autant, certains ne se sont pas privés de la faire douter de quelques-uns de ses choix. *Sympa le retour de bâton !* Charlotte en porte toute la responsabilité sachant que – selon ses dires – elle s'est elle-même mise dans cette position d'oreille attentive.

Elle aborde aussi les pressions familiales et son sentiment de ne jamais faire assez bien pour plaire à ses parents ou répondre aux ambitions qu'ils nourrissent pour elle.

Je lui soufflerais bien que ses épaules semblent trop frêles pour supporter les états d'âme des autres et pour accepter les critiques parfois infondées de ceux-là. Mais je ne veux surtout pas la couper dans ses confidences sur l'oreiller. Demain sera un autre jour. Je compte bien prendre soin d'elle comme personne n'a jugé bon de le faire.

34 - Charlotte

Quel week-end ! Greg a tout mis en œuvre pour que ces deux jours soient parfaits, absolument parfaits ! Après une nuit sans sommeil – ou presque – nous avons pris un copieux petit-déjeuner avant de profiter du bord de mer. Il m'a d'abord conduite au Puits d'Enfer – lieu très réputé du coin où la roche formant une cavité laisse les embruns s'y engouffrer et cogner contre elle – puis le long de la baie des Sables-d'Olonne.

Découvrir ce panorama en compagnie d'un Grégoire honteusement sexy et attentionné rend cette promenade aussi belle que romantique. De plus, nous avons la météo de notre côté, ce qui ne gâche rien pour les prises de vues qu'il s'évertue à refaire inlassablement pour atteindre la perfection. Moi, je bave en le regardant si concentré, passionné…

De temps à autre, il dirige l'objectif vers moi, non sans demander mon avis implicitement. *Les mauvais souvenirs ont la peau dure !* Il m'en a promis un bel album, mais je suis certaine de tout garder en mémoire.

Je me rappellerai chaque minute, chaque geste et chaque parole. Toutes ces choses qui font qu'aujourd'hui j'ai des papillons dans le ventre, des étoiles dans les yeux et le cœur gonflé de sentiments que je n'ose encore lui avouer. Après ces quelques jours à ne dialoguer qu'à distance, nous avons désormais une complicité que je n'ai jamais connue avec un autre homme. Nous nous sommes livrés plus facilement par le biais de l'écrit, mais ces échanges apportent un je-ne-sais-quoi de plus à nos retrouvailles. Cela m'a également permis de m'ouvrir davantage, en partageant avec lui tout ce que j'ai appris sur moi grâce à mes séances avec la psy.

Il peut à présent se vanter de connaître plus de détails sur moi que mes amies.

Finalement, cette histoire de Facebook n'a été que la goutte d'eau qui a fait déborder un vase trop plein de déceptions, rancœurs et autres blessures enfouies jusqu'ici. Cette prise de conscience a été bénéfique, tout comme le fait de mettre des mots dessus. J'ai envie d'aller de l'avant et ce week-end est le début d'une nouvelle ère.

Ouais, vous avez devant vous une Charlotte toute neuve !

Bon, on va se calmer un peu quand même, j'suis toujours aussi maladroite. Barrée ? Faut pas pousser !

— Oui, tu disais ? me questionne soudainement Greg, un sourire en coin.

Vous voyez, j'ai encore dû penser à haute voix, Miss Cruchasse est de retour !

— Moi ? Rien, rien. On va boire un verre ?

Grillée, Charlotte…

Samedi est ainsi passé à une vitesse folle, entre balade, farniente sur la plage et cocktails en terrasse, pour finir en beauté avec un plateau de fruits de mer dans un bar à huîtres, les pieds dans l'eau. Notre seconde nuit a, une nouvelle fois, beaucoup inspiré Greg, qui se montre de plus en plus… vigoureux, « dominant », insatiable ? Ouais, rien que ça ! Tant et si bien que je me demande si je vais tenir un tel rythme ! Heureusement, il sait aussi bien manier la délicatesse que la rudesse, imaginez ce mélange… *Merde, je bave encore…* C'est d'ailleurs en usant de tendres caresses et de baisers légers qu'il m'a réveillée ce matin. Je crois bien que j'en ai ronronné de satisfaction. *Miaou !* Bon sang, j'en redemandais tel un chat – « Cha » – qui réclame des gratouilles ! *Hum…*

Mais toutes les bonnes choses ont une fin, il faut penser au départ. On se marre beaucoup moins, hein ? À traîner sous la couette et à manger tardivement, la journée est plus qu'entamée et l'heure du retour va bientôt sonner. La clé de la chambre est déjà rendue, les bagages rangés dans la voiture de Greg, mais la plage est encore à nous pour un petit moment.

Après une baignade rafraîchissante, nous regagnons la plage en chahutant. Greg tente de m'attraper pour me remettre à l'eau tandis que je me débats comme une lionne. Il abdique lorsque je prends l'avantage en lui balançant ma crinière trempée au visage. Bon, OK, je ne l'ai pas fait exprès, mais ça a le mérite de me sortir d'un combat perdu d'avance. Oups...

— La prochaine fois, tu ne m'auras pas. J'éviterai ta chevelure folle, me prévient-il quand nous rejoignons nos serviettes.

— Je me laisserai faire, beau blond, le provoqué-je en jouant les séductrices.

— Hum, j'aime bien quand tu te laisses faire.

Euh, comment dire... cette voix grave et cet air charmeur me liquéfient sur place. *On retourne dans l'eau ou tu m'attrapes là, dans le sable ? Non ?* Non, je ne serai pas faible ! Hors de question de faire dans l'exhibitionnisme, dites donc ! Tant bien que mal, j'essaie de garder une attitude neutre – *sans façon, monsieur, votre petit jeu ne marchera pas avec moi* – mais il faut croire que mon corps décide pour moi. Je me retrouve lovée contre cet homme torride qui prend un malin plaisir à frôler mes formes autant que je profite du moindre centimètre de sa peau. Autant dire que le coup de l'indifférence est très crédible...

— Arrête ça tout de suite, sinon je te jette sur mon épaule et t'emmène pour une baignade... un peu spéciale, menace-t-il.

Ouh, j'ai peur !

Le nombre de gamins alentour me permet de maîtriser les instincts primaires que Greg ne cesse d'éveiller en moi. Je m'éloigne alors, à contrecœur de ce mâle en rut, non sans le prévenir :

— Tu auras le droit de sortir ta panoplie d'homme des cavernes en me ramenant chez moi.

— Rhoo, tu vas me tuer, Cha !!

— C'est toi qui dis ça ? Qui va reprendre le boulot en marchant en canard ?

Et il se marre en plus ! C'est lui qui va me tuer !

— Cha, je disais ça parce qu'il suffit d'une allusion, d'un geste ou d'un regard pour que je sois au bord de l'explosion.

Je dois le fixer d'une manière particulière pour qu'il sente le besoin de compléter son explication :

— Je suis une érection ambulante ! Tu n'as rien remarqué ? Tu crois que c'est par plaisir que je suis couché sur le ventre depuis tout à l'heure ? Pour info, c'est loin d'être confortable vu mon état !

Bien que sa tirade ait été prononcée sur un ton sérieux – voire outré – c'est à mon tour d'éclater de rire, imaginant un Greg trèèèès en forme allongé sur le dos au milieu de tous ces gens. Je ne peux plus m'arrêter, jusqu'à ce qu'il m'assène une petite claque sur les fesses. Mes yeux se posent sur les siens, les émotions que j'y lis me coupent toute envie de ricaner. Malgré son regard enjoué, la profondeur de ce qu'il dégage me trouble. *Putain de merde, je crois que je suis amoureuse...* Ses pupilles se dilatent soudainement, sa bouche s'ouvre puis se referme.

Oups, c'est moi ou je viens de faire une boulette ?

— Moi aussi, je crois que je suis amoureux.

Au diable familles et marmots, je fonds sur lui, sur cette bouche, non pour le réduire au silence, mais bien pour lui faire savoir l'effet que ses mots ont sur moi. Il semble d'ailleurs vouloir délivrer le même message puisqu'il se tourne vers moi en me rendant ardemment mon baiser, ses bras me retenant contre son corps. Nos lèvres diminuent la cadence, avides de douceur, puis se séparent lentement. Je pose ma tête sur son épaule, pas encore prête à lui faire face après cette révélation. Greg me grignote tendrement le cou et me murmure à l'oreille :

— Je ne crois pas, j'en suis sûr. Je t'aime, Charlotte.

Bordel de Dieu ! Qu'on m'amène un extincteur, une civière, un prêtre !!

35 - Grégoire

Presque quarante-huit heures que je retenais ces trois mots. Je peux à présent le dire, je me sens libéré. Son « *Putain de merde, je crois que je suis amoureuse* » m'a tellement surpris... et réjoui évidemment. Je voulais attendre ce soir pour lui dévoiler mes sentiments, mais finalement la spontanéité était bien plus belle, plus intense aussi. Mon seul regret ? Tout ce sable et cette foule qui m'ont privé de clore ce moment comme je l'aurais aimé. Je ne vous fais pas de dessin, n'est-ce pas ?

Après quelques heures durant lesquelles la nostalgie se reflétait dans nos regards, nous avons repris la route, sereins. Bien sûr, nous allons devoir nous poser et envisager la suite plus concrètement, cela dit, je trouve que la légèreté et l'imprévu nous vont plutôt bien.

Charlotte a fini par s'endormir malgré le trajet relativement court, je crois que ces deux jours l'ont épuisée. Il faut bien que je l'admette, je ne l'ai pas ménagée... Les nuits ont été aussi brèves que passionnées, les journées riches en découvertes, pour elle comme pour moi d'ailleurs. En parlant de découvertes... ce ronflement discret tout près de mon oreille en est une. L'occasion est trop belle pour la réveiller, d'autant plus que nous ne sommes qu'à cinq minutes de chez elle.

— Cha. Eh, Cha, tu ronfles. Je n'arrive pas à me concentrer.

Ce petit raclement de gorge accompagnant son réveil est vraiment... tordant !

— Quoi ? me demande-t-elle encore ensommeillée.

— Tu ronfles, ça me distrait, répété-je, tentant de garder mon sérieux.

— Pff, n'importe quoi ! Je ne ronfle jamais ! répond-elle outrée.

Voyant qu'elle mord trop facilement à l'hameçon, je décide de cesser de la mener en bateau.

— Je t'assure, tu ronfles. OK, très légèrement, mais en fait je n'ai rien trouvé de mieux pour te dire que nous voilà à bon port.

Elle me gratifie d'une tape sur l'épaule et se réajuste sur son siège en souriant, soulagée de ne pas être un vrai sonneur.

Nous sortons de la voiture en silence. La réalité nous rattrape et fait éclater cette bulle dans laquelle nous étions ce week-end. Une fois devant sa porte, elle me prend son sac des mains en me remerciant sans me regarder.

— Charlotte, on ne va pas se refaire la même conversation qu'à la fin des vacances, mais il faut tout de même qu'on en parle, non ?

— Oui, tu as raison. Tu veux un café ? se résout-elle en posant des yeux brillants sur moi.

J'ai déjà le bide en vrac de devoir rentrer à Fontenay, pas moyen de la laisser comme ça...

— Je veux bien, merci.

Lundi 3 septembre 2018

Branlebas de combat ce matin, aujourd'hui nous faisons tous notre rentrée. Lola et Hugo reprennent le chemin de l'école, quant à moi, je démarre mon stage en photographie. Il est encore tôt, mais nous sommes déjà sur le front. Hors de question d'être en retard le premier jour, sachant qu'il me faut une quarantaine de minutes pour m'y rendre, le timing est serré. Une chance, Agnès, ma voisine, accepte de se charger d'emmener les enfants chaque matin de ma formation, un gain de temps qui me soulage vraiment.

— Papaaaaaa ! Où il est mon gilet rose ? s'égosille Lola.

— Sur une chaise, dans la salle à manger.

— Papaaaa ! Mes chaussures elles sont troooop moches ! râle Hugo.

Et merde ! Pas ce matin !

— Dans le magasin, tu les trouvais très bien. Pas de discussion, tu les mets et on y va.

À sept heures trente, les enfants sont chez Agnès et moi dans ma bagnole. Ça, c'est fait ! Avant de démarrer, j'ai vraiment besoin de faire redescendre le stress.

> Fais-moi rêver, Cha. Que portes-tu ? <

> Oh comme tu y vas de bon matin ! Gourmand ! <

> S'il te plaît ! Aie pitié d'un vieil écolier stressé. <

> C'est bien parce que c'est toi ! Je porte une jupe en jean, un t-shirt kaki dont les manches sont ajourées aux épaules et mes chaussures compensées de même couleur. Et dessous… <

> Oui ??? <

> Ce petit ensemble « ridicule » en dentelle noire. <

> Oh, putain de diablesse ! J'exige un aperçu ce soir. <

> Si tu es sage. Sur ce… bon courage. Bisous. <

> Merci, à toi aussi. Gare à tes fesses ! Je t'embrasse. Je t'aime, Cha. <

> Je t'aime aussi. <

Vous vous demandiez où elle était passée, je me trompe ? Figurez-vous qu'elle va bien, très bien même. Évidemment, nous n'avons pas pu nous revoir depuis notre escapade sur la côte, mais pas un jour ne passe sans appel ou message. Ma mère n'ayant pas pu tenir sa langue auprès des enfants – une vraie plaie quand elle s'y met – nous avons décidé qu'elle viendrait à la maison en fin de semaine. Je suis impatient de la retrouver et y en a deux qui ne m'aident pas à penser à autre chose avec leurs commentaires dès que mon téléphone sonne. C'est le jeu…

Nous savions que la distance, certes faible, ne faciliterait pas les choses, mais je ne désespère pas. Nous trouverons bien un terrain d'entente – nous en trouvons toujours un – lorsque cette façon de fonctionner sera trop pesante. S'il se scelle de la même manière que dimanche dernier… je veux bien des discussions de ce type chaque jour ! Après avoir pris notre café et réglé les détails pour les semaines à venir – ne me demandez pas comment – nous nous sommes retrouvés sur son fameux canapé, à moitié à poil.

Elle, me chevauchant, moi, lui dévorant la poitrine fièrement dressée sous mon nez, avec pour seuls remparts son tanga et mon caleçon.

Cha aime à penser qu'elle mène la danse dans cette position et je la laisse y croire un peu. Mais ce sont bien mes mains, ma bouche et mon bassin qui donnent la cadence. Ce sont d'ailleurs mes doigts qui ont écarté son sous-vêtement et abaissé le mien, mes lèvres qui ont aspiré ses tétons, mes coups de reins qui l'ont pénétrée avec ardeur. Cela dit, c'est elle qui m'a alerté sur l'oubli du préservatif... Charlotte m'inspire tellement que j'en perds la boule !

Oh oh oh ! Stop aux digressions ! La route ne va pas se faire toute seule.

Sinon – sans transition – il y en a une qui est revenue dans le paysage... Enfin, revenu est un bien grand mot ! Nathalie a daigné reprendre contact en fin de semaine dernière bien que son hospitalisation perdure. Elle n'était pas particulièrement à l'aise, cherchant ses mots pour excuser ses mensonges. Selon ses dires, cet isolement lui était nécessaire, pour évacuer ses démons également. Grand bien lui fasse ! En attendant, elle manque à Lola et Hugo, même s'ils en parlent peu, je le vois et c'est bien normal. Elle a au moins pris le temps de leur expliquer les raisons de son absence, avec des termes justes et simples, c'est déjà ça...

Je ne peux pas le nier, cette situation m'agace parce qu'elle reste très floue sur son issue. J'ai été un peu hargneux en lui demandant si elle comptait refaire surface et assumer sa maternité, mais sa réponse m'a coupé net :

— Tant que je ne suis pas au clair avec moi-même, je ne serai jamais une bonne mère.

Soit, mais que dois-je en comprendre ?

Bref... même absente, elle fait chier !

36 - Charlotte

Vendredi 7 septembre 2018

L'heure de la sortie a sonné, enfin ! Entendons-nous bien, j'adore toujours autant mon boulot, mais une semaine de rentrée reste particulière. Pour être tout à fait honnête, il me tarde de filer sous la douche après cette journée caniculaire et de prendre la route pour rejoindre Grégoire. Presque quinze jours sans le voir, c'est vraiment long… *Sans blague, tu t'attendais à quoi ?* Je vous arrête tout de suite, je le savais bien, mais la mise en pratique est dure. Je pouvais me vanter il y a quelque temps de profiter de mon grand lit, mais après avoir connu les nuits dans ses bras et les réveils câlins, il me semble drôlement vide. Haut les cœurs ! J'y cours, j'y vole !

Je suis propre, changée et maquillée – *ouais, bravo, Charlotte !* – mais qu'est-ce que je mets dans mon sac ?

> Mayday mayday ! T'as prévu des trucs en particulier ? <

> Oh oui ! <

Qu'il est con ! J'adore !

> Sois sérieux ! T'as jamais vu une femme préparer ses bagages ou quoi ? <

> Ah, ce n'est que ça… Déception… Rien de particulier, on verra où le vent nous mène. <

> Merci, ta poésie m'aide beaucoup. <

> Je n'en doute pas une seconde. Mais là… RAMÈNE TES FESSES ICI ! <

> OK ! PAS BESOIN DE HURLER ! BISOUS ! <

Finalement, je jette ce que je trouve dans ma petite valise et j'improviserai sur place. En parlant d'impro, j'y fourre aussi ma ribambelle de capotes, pas deux fois le même coup (sans mauvais jeu de mots...). Je suis trop tête en l'air dans ma prise de pilule, et lui tellement tout feu tout flamme, qu'on finirait par élever une horde de marmots. Bien que j'aie très envie d'avoir des enfants, là, maintenant, NON ! C'est bien trop tôt, ne serait-ce que pour en parler. D'ailleurs, le sujet est clos. En voiture, Simone !

À peine garée sur le parking de la résidence et sortie de ma Mini – *et ouais, m'sieur, dame j'ai fait la route sans cette fucking angoisse, check à moi-même* – j'entends héler :

— Papa, y a Charlotte !

C'est le petit Hugo qui est sur le balcon à faire le guet. Il est chou ce gamin. Cela dit, j'avoue que revoir les enfants de Grégoire dans ces circonstances me stresse un chouïa... Il a beau dire qu'ils s'en doutaient et en sont ravis, j'attends de voir. Après tout, ils pourraient déchanter en voyant leur père avec une autre femme que leur mère.

En ouvrant le coffre, je sens une main chaude sur mon épaule et cette voix rauque à mon oreille :

— Enfin tu es là.

Je ne me fais pas prier et me retourne pour lui faire face. Je l'enlace et l'embrasse fougueusement sans plus attendre. Il m'a tellement manqué !

— Hum, si j'avais su que tu étais aussi pressée, je serais venu t'ouvrir la portière.

— Pff, t'étais encore plus pressé que moi, le taquiné-je en frôlant son érection naissante de ma hanche.

Un second baiser clôt cet échange brûlant, avant que je renchérisse :

— Au moins, mon bagage va servir à quelque chose dans les cinq prochaines minutes.

En voyant son regard interrogateur, je lui indique son entrejambe d'un mouvement de la tête.

— Tu es contente de toi, n'est-ce pas ? Diablesse !

Évidemment que je suis contente ! J'en ferais presque une danse de la joie. J'ai dit « presque », n'en attendez pas plus.

Nous montons les quelques marches qui nous séparent de son logement en nous lançant des regards qui en disent long. L'accueil que me réserve Hugo, du haut de l'escalier, est tout autre. Il est très... sonore.

— Salut, Charlotte !!

— Bonjour, Hugo, ça va ?

— Oui. Tu sais, je suis en grande section maintenant, répond-il tout fier.

— Eh oui, tu es un grand. Bientôt, tu apprendras à lire.

Arrivée devant la porte, je me penche pour lui faire un bisou sur la joue, mais je suis surprise lorsqu'il passe ses petits bras autour de mon cou. J'en resterais stoïque si je n'étais pas aussi touchée. Je lui rends donc son accolade avant qu'il me libère pour me faire entrer. Lola nous rejoint dans l'entrée, me salue chaleureusement également même si sa réserve naturelle et son âge la rendent plus discrète. Les bonjours étant passés, je jette un œil autour de moi.

L'appart' est aussi propre que rangé, en même temps connaissant Grégoire, le contraire m'aurait étonnée. Il m'en fait d'ailleurs faire le tour, rapide, puisque son logement n'est pas plus grand que le mien. Il possède deux chambres, salle de bain, toilettes, pièce à vivre et cuisine, le tout bien agencé. La baie vitrée de la pièce principale apporte beaucoup de lumière, de plus, elle donne accès à un balcon suffisamment spacieux pour y loger une petite table.

Alors que les enfants sont vautrés dans le canapé en attendant de dîner, Greg et moi nous retrouvons dans la cuisine en tête à tête. Nos œillades n'ont de cesse depuis mon arrivée, à croire qu'à tout moment l'un va sauter sur l'autre. Afin de ne pas craquer la première, je le questionne sur sa semaine et celle de ses loulous. Il se prête au jeu alors que je connais chacune de ses réponses grâce à nos appels quotidiens, tout en finissant de préparer le repas. Le voir s'exprimer sur son job en devenir est un vrai plaisir pour les yeux. L'enthousiasme qu'il dégage en abordant la photo lui va comme un gant et le rend plus attirant encore, enfin... si c'est possible... Je pourrais l'écouter pendant des heures, s'il ne m'excitait pas autant !

À défaut de le bouffer tout cru, je me contente – pour le moment – de la salade gargantuesque que Greg a cuisinée en discutant joyeusement avec Hugo et Lola qui ne manquent pas de curiosité. Un moment agréable durant lequel j'ai la sensation de faire partie de cette jolie famille. *Putain de merde, j'vais finir par chialer !*

Tout se bouscule alors que je les observe tous, émue par la place qu'ils me font dans leur cocon. Greg doit sentir mon émotion, puisque sa main vient rejoindre la mienne sur la table, me caressant de son pouce comme pour me souhaiter la bienvenue.

— Pourquoi tu pleures, Charlotte ? m'interroge Hugo, soudain inquiet.

Bordel, je vous l'avais bien dit !

— Je ne pleure pas, c'est juste que je suis bien, là, avec vous.

Il me répond d'un sourire et poursuit son récit – comme si de rien n'était – de séance de sport avec sa maîtresse qui « court pas très vite ».

Installée sur le balcon, je rêvasse tandis que Greg couche ses petits. La vue n'est pas imprenable, mais on est pas mal ici.

— Un petit Anjou Village, pour être un peu comme chez toi ? me dit Greg en me tendant un verre de vin.

— Merci. Je n'avais pas besoin de ça pour me sentir à la maison. Vous êtes les rois de l'accueil tous les trois !

— Quand on ouvre notre porte à la bonne personne, autant le montrer, non ? rétorque-t-il avec une douceur spontanée qui me fait fondre.

Après un bisou sur le front, il s'assied sur la chaise face à la mienne et poursuit :

— Tu étais très attendue, Cha. Par moi, évidemment, mais aussi par Lola et Hugo. Ils t'aiment beaucoup.

— Tu veux que je reverse ma larme ? Parce que là c'est bien parti pour… Puis, t'es trop loin de moi, minaudé-je en faisant la moue.

— Si je m'approche, je ne réponds plus de moi.

Alors, qu'est-ce que tu attends ???

Armée de mon regard espiègle et de mon sourire en coin, je pose mon verre avant de faire glisser ma chaise près de la sienne. Ma main trouve son torse ferme tandis que ma bouche vient butiner son cou.

— On peut savoir ce que ça donne quand tu ne réponds plus de toi ? le provoqué-je.

37 - Grégoire

Qu'est-ce que je disais tout à l'heure ? Une diablesse !

Je la bascule sur mon épaule, non sans lui palper les fesses au passage, et la conduis tout droit dans ma chambre. Elle veut voir ce que ça donne quand je ne réponds plus de rien ? Parfait ! Je n'attendais que ça.

— Tu m'as cherché, Cha, maintenant à toi d'en assumer les conséquences. Et en silence en prime. Tu ne voudrais pas qu'on nous surprenne, n'est-ce pas ?

À cet avertissement, elle cesse de gesticuler, mais ponctue ma phrase par un gémissement à peine contenu. Ça promet !

Je ferme la porte à clé, pose ma belle sur mon lit, ravi de constater l'effet que je produis sur elle. Elle se redresse en prenant appui sur ses coudes, me jette un regard incandescent tout en humidifiant ses lèvres de sa langue. Elle va me rendre dingue ! Je me sens déjà comprimé dans mon boxer, mais mon érection s'intensifie quand Cha me provoque en retroussant sa foutue jupe sur le haut de ses cuisses qui s'écartent sous mes yeux. *Je vais la bouffer !*

Je m'avance vers elle en retirant mon t-shirt que je balance au sol. Je continue en abaissant mon bermuda et mon caleçon d'un seul mouvement tandis que Cha semble se régaler de la vue que je lui offre.

— Viens Greg, chuchote-t-elle.

— Un peu de patience, lui dis-je en saisissant un préservatif dans la commode.

Je me poste au pied du lit en y déposant le bout de latex, et commence à caresser mon membre dressé pour elle en la toisant avec gourmandise.

Elle suit les va-et-vient de ma main, semble de plus en plus fougueuse et tente de se dévêtir. Je suis plus rapide qu'elle, délaissant ma queue, je me jette sur ce bout de dentelle qui fait barrage et le déchire sans scrupule en m'agenouillant à terre. Ne lui laissant pas le temps d'ôter le reste de ses vêtements, ma bouche trouve sauvagement son intimité déjà humide et chaude. Ma langue la taquine, mes lèvres l'aspirent, mes doigts se faufilent sous son t-shirt pour découvrir ses tétons durcis par le désir. Elle s'agite sous mes caresses buccales en haletant, et putain, ce que ça me plaît !

Je décèle les prémices de l'orgasme, ce qui m'incite à être plus audacieux. Une de mes mains gratifiant ses seins, l'autre descendant avec curiosité et avidité entre ses fesses. Mes doigts vont et viennent entre son sexe et l'orée de son anneau serré tandis qu'elle s'affole, geint en me tirant les cheveux.

Prise de soubresauts, Cha se cambre en écartant encore davantage les jambes, lâche ma tignasse pour s'accrocher aux draps en jouissant, les dents plantées dans sa lèvre. *Magnifique !*

Je n'attends pas la fin de ses tremblements et me hisse à ses côtés, à genoux près de son visage rosi par cette petite mort.

— J'en peux plus, Cha, suce-moi !

Elle fixe ses billes aux miennes. Un instant, je crains d'avoir été trop directif, mais c'était mal connaître ma belle. Elle réajuste sa position et m'engloutit tout en posant sur moi un œil coquin.

Mon Dieu que c'est bon !

Sa main droite rejoint sa bouche alors que la gauche flatte mes testicules et me fait vivre une torture délicieuse. Je poursuis mes caresses sur cette poitrine que j'aime tant après avoir relevé son haut et abaissé les bonnets de son soutien-gorge.

Un jour, je loverai ma queue entre ses deux merveilles. Oh oui, bordel !

Cette idée me rend fou et me fait accélérer mes coups de reins. N'y tenant plus, je me retire de sa bouche en lui allouant un geste tendre, mais la retourne sans ménagement. À quatre pattes sur le matelas, Cha me lance une œillade affamée par-dessus son épaule, le temps pour moi d'enfiler le préservatif et de la pénétrer sans avertissement.

Aussi excités l'un que l'autre, nos corps se cherchent, elle venant à ma rencontre et moi la cramponnant par les hanches pour maîtriser le tempo.

Le ballotement de ses seins, sa cambrure affriolante, les petits sons qu'elle émet et le bruit de nos peaux claquant l'une contre l'autre vont avoir raison de moi si je continue comme ça. Percevant sûrement mon hésitation, Cha lutte pour maintenir le rythme :

— Continue, Greg ! gémit-elle avec empressement.

Comment résister ?

— Touche-toi, l'imploré-je.

Elle accède à ma demande, et en deux ou trois coups de boutoirs, son orgasme entraîne le mien.

Elle aura ma peau ! Je crois qu'on peut parler d'alchimie. Oui, c'est ça, une putain d'alchimie sexuelle !

La nuit aura été courte, mais qu'importe. Me réveiller avec Charlotte n'a pas de prix. Après nos batifolages dans la chambre, la douche a, elle aussi, été inaugurée. Cette fois de façon plus langoureuse et suave. Nous avons pris davantage de temps pour les caresses et mots doux, au point de finir par nous rincer à l'eau froide. *Vivifiant !* Notre sommeil a ensuite été entrecoupé de mains baladeuses ou de chastes baisers, pour finir entrelacés malgré la chaleur. Nos corps et nos peaux semblent s'appeler sans cesse, et je ne m'en lasse pas. Cela dit, j'entends Hugo et Lola s'affairer dans la cuisine, et on peut dire que ça calme les ardeurs ! Je me libère doucement des bras de Charlotte, l'embrasse sur la tempe en lui murmurant que je me lève.

— J'arrive, bredouille-t-elle encore ensommeillée.

— Je te prépare un café ?

— Hum, un double !

Au cours du petit-déj', nous convenons de notre virée du jour. Au programme : présentation avec mon « patron » et découverte des photos prises durant mes premiers jours de stage. Puis, petit tour sur la côte, afin que les enfants profitent des joies de la plage, et nous aussi, par la même occasion.

Quant au repas, nous improviserons sur place. Le réveil matinal nous permet d'être tous opérationnels de bonne heure et après une seconde dose de caféine, nous voici prêts à partir.

En descendant sur le parking, je me délecte de la vue : Charlotte qui se dandine dans les escaliers, devant moi. Elle porte une petite robe légère dans les tons bleu ciel, a rassemblé ses cheveux en un chignon flou, me laissant accès à sa nuque et son cou. Elle est belle. Elle est avec moi. Elle est à moi. Enfin... vous m'avez compris...

Durant le trajet, elle m'interroge sur l'histoire de la région, les spécialités culinaires ou culturelles tandis que les enfants ne cessent de demander « quand est-ce qu'on arrive ? ». Ça vous parle, n'est-ce pas ? Finalement, la route se fait bien plus vite que lorsque je suis seul, et nous arrivons déjà devant le studio, en plein centre de La Roche-sur-Yon.

En cette saison, le cœur de la ville est quasiment désert, nous trouvons donc rapidement un stationnement. Alors que nous progressons à pied sur la place centrale en discutant, main dans la main, Hugo se met à courir en criant :

— Mamaaaan !

Putain, c'est quoi ce bordel ?

Quand on a besoin d'elle, elle est aux abonnés absents, mais là... Je dois prendre sur moi en l'apercevant, et d'autant plus lorsque je me tourne vers Charlotte. Les yeux ronds, le corps crispé, elle a l'air de se demander si elle ne doit pas partir en courant.

— Je suis là, Cha, lui chuchoté-je pour la rassurer, caressant le dessus de sa main de mon pouce.

— Regarde, papa, il a raison. Y a maman, m'interpelle Lola en pointant leur mère, à quelques mètres de là.

Charlotte et moi sommes tendus comme des arcs – surtout elle d'ailleurs...–, à mesure que Nathalie avance vers nous. Charlotte me lâche la main comme si mon contact la brûlait, et se fige complètement quand mon ex nous rejoint, Hugo pendu à son cou. La voir là, comme si tout était normal, je vrille !

J'en oublie tout le reste : Charlotte, les enfants. Il n'y a plus que ma colère.

— C'est ça que tu appelles « être hospitalisée » ? vociféré-je.

— Bonjour à toi aussi. J'ai des droits, figure-toi, je ne suis pas internée non plus ! dit-elle en nous toisant.

Charlotte reste en retrait et j'avoue que ma rage m'embrouille trop pour m'en préoccuper sur le moment, comme pour mesurer mes propos devant les loulous.

— En gros, tu préfères te balader SEULE, plutôt que de venir voir les enfants ? Ou devrais-je dire MES enfants puisque tu ne daignes pas être présente pour eux ?

Nathalie repose Hugo au sol en déposant un baiser sur son front, embrasse Lola et finit par se rapprocher de moi, sûre d'elle. À présent près de moi. Trop près ! Elle me sourit sournoisement et me demande :

— Qui te dit qu'ils sont de toi ?

38 - Charlotte

Voilà, voilà… Comment vous dire ? Ce week-end ne s'est finalement pas passé comme prévu. Pourtant, tout semblait idéal, jusqu'à *Elle* et sa putain de remarque de merde ! Après avoir lâché la bombe, elle s'est vite esquivée, laissant Grégoire dans un état de doute, de colère et de hargne. Imaginez la tête des enfants. Quelle garce ! Je ne suis pas sûre qu'Hugo ait saisi la teneur des propos, mais Lola… Elle a pris la main de son père en lui disant :

— C'est toi mon papa.

Sur ce, nous avons fait demi-tour – sans prendre le temps d'aller à la galerie – et pris la direction de la plage. Les enfants auraient été trop frustrés sans cela. Mais je peux vous assurer que la journée a été ponctuée de silences lourds de sens. J'ai tout essayé. La discussion, les mots doux, les blagues à deux balles, la révolte ; rien n'est venu à bout de son humeur de dogue. Il a pu, du bout des lèvres, me dire que finalement, elle avait peut-être raison au vu du nombre de mecs avec qui elle a couché durant leur vie commune.

Malgré mes paroles rassurantes, il est resté hermétique. De mon côté, je reste persuadée qu'il en est bien le père. Elle idéalise tellement Grégoire, que j'ai du mal à l'imaginer se faire faire un mouflet par un gars de passage quelconque. Pour se les taper ainsi, elle a trop peu d'estime pour chacun de ceux passés entre ses cuisses. Cependant, elle a réussi à remettre en question ce qui importe le plus à Grégoire.

À notre retour chez lui, j'ai filé dans la chambre pour rassembler mes affaires. À quoi bon rester ? J'ai compris qu'il avait besoin de s'isoler, je ne pouvais pas lui reprocher ça. Cette salope a fait fort encore une fois ! Je suis allée voir les enfants, leur ai expliqué que je rentrais. Ils m'ont brisé le cœur. Ils semblaient porter toute la douleur de leur père, tout en ne mesurant pas l'étendue de sa peine.

Lola m'a demandé si je reviendrais, me suppliant de ses grands yeux de ***Chat Potté***, ce à quoi j'ai répondu par une promesse.

J'ai ensuite rejoint Grégoire sur le balcon, accoudé sur la rambarde, il ne m'a pas entendue arriver. Trop absorbé par ses interrogations.

— Greg, je vais rentrer chez moi, lui ai-je dit doucement.

— Mais, pourquoi ? Je suis navré pour tout ça, mais reste.

— Une fois, tu es parti d'Angers, car j'avais besoin de temps. Aujourd'hui, je crois que c'est ton tour. Ce que je comprends complètement. Alors, je vais te laisser gérer ce bordel, mais je vais t'inonder d'appels et de messages. Je compte bien continuer ce que nous avons commencé et ne pas laisser tomber. Tu t'es battu pour moi, c'est à moi de le faire à présent. Cela dit, tu dois d'abord digérer ce ramassis de conneries. Je vais me répéter, mais je suis sûre qu'elle a juste dit ça pour te mettre à mal. Et elle a réussi. Encore.

Je me suis rapprochée de lui, l'ai pris dans mes bras. Il m'a rendu mon accolade en m'embrassant sur le front, puis a susurré un « merci ». Je n'ai pu retenir mes larmes, un goût d'adieu flottait dans l'air, c'en était trop pour moi.

— Cha, moi aussi je compte bien continuer. Je t'aime, souviens-t'en, m'a-t-il dit en scrutant mes yeux larmoyants.

Vendredi 30 novembre 2018

Ouais, mais là, on est à la fin du mois de novembre et…

— Va peut-être falloir se bouger le cul, Charlotte ! m'assène Adeline.

— Je sais. Imagine, un mois sans se voir, c'est énorme ! OK, il répond à mes messages, mais…

— Mais quoi ? Putain !

— Depuis que l'autre barge est sortie de psychiatrie, il ne prend plus mes coups de fil. À ton avis, je vis ça comment ?

— Elle est sortie quand ?

— Ça fait dix jours, répliqué-je dépitée.

— Tu lui as demandé pourquoi il ne rappelle pas ?

— Non, confessé-je en baissant la tête.

— Oserais-je te demander combien de fois tu as essayé de l'appeler ? lance mon amie avec ironie.

Elle me connaît bien la morue !

— Oh ! Tu fais chier ! Une fois... N'empêche que...

— Que rien du tout ! Tu prends ton téléphone, ou mieux, ta bagnole, et tu y vas ! s'énerve Adeline.

Elle n'a pas tort. Cependant, j'aimerais qu'elle se mette un peu à ma place. Après ce fameux week-end, nous nous sommes revus deux fois. Un samedi début octobre, il m'a fait la surprise de venir un après-midi tandis que ses enfants étaient chez des amis, et aux vacances de la Toussaint, c'est moi qui y suis allée. Même si l'alchimie était encore manifeste, j'ai bien senti qu'il restait perturbé par cette histoire. On le serait à moins, me direz-vous. Je n'ai pas dérogé à mon engagement, j'ai toujours été présente et l'ai soutenu.

Messages et appels ont été – de nouveau – quotidiens. En revanche, depuis la semaine dernière, il ne passe que par SMS et j'avoue que je suis hyper frustrée. Inquiète aussi, sachant que l'autre est « libre ». Et si elle lui avait encore retourné le cerveau avec un tas de conneries ? J'ai l'impression qu'il évite le sujet connaissant les antécédents, sûrement pour me protéger, néanmoins ne rien savoir me laisse imaginer le pire !

— T'as raison. Je crois que je vais me pointer là-bas. On verra sur place, hein ?

— Mais oui. Et puis que risques-tu ?

— De le perdre...

Cette pensée me tord le ventre, me serre la poitrine, faisant monter les larmes que je retiens par je ne sais quel miracle. S'il me rejetait ? J'ai tellement lutté contre mes angoisses – aujourd'hui derrière moi –, que je ne sais pas où je trouverais la force de me relever s'il avait tiré un trait sur moi, sur nous...

— Pff, mais bien sûr ! Il t'aime, bordel, ouvre les yeux, enfin !

— Ouais, je le sais, mais parfois l'amour ne suffit pas, constaté-je le cœur lourd.

Et voilà, les vannes sont ouvertes…

— Chiale pas, ma poule, tu vas arriver avec les yeux en trou de pine.

J'ignore d'où lui vient ce talent, elle trouve toujours le bon mot. Malgré mes joues baignées de larmes, elle me redonne le sourire, me transmettant sa bonne énergie par la même occasion.

J'ai finalement décidé de ne pas prendre la route hier soir. Voyez ça comme vous le voulez, mais aujourd'hui, premier jour de décembre, je le prends comme un signe : nouveau mois, nouveau départ ! Espérons qu'il ne soit pas synonyme du retour au célibat… *Putain, ce serait une sacrée claque !* J'ai tellement la trouille de faire chou blanc que je ne prévois ni affaires de rechange ni trousse de toilette, seulement moi et tout mon amour pour lui.

Bon, OK, et quelques questions aussi, mais avec la certitude que ça ne peut pas finir comme ça après toutes les étapes traversées. Adeline a vu juste, j'en suis consciente, il m'aime autant que je suis amoureuse de lui, alors vaille que vaille, il faut que ça marche ! *Mode warrior activé !*

Arrivée aux abords de Fontenay-le-Comte, j'envoie un texto à Greg pour lui dire de ne rien prévoir à manger ce midi. Je ne peux pas débarquer comme ça, à 11 h 30, les mains vides, même s'il cuisine tout le temps pour un régiment. *Quel jeu de mots merdique ! Ça me fait penser à sa connasse d'ex*

militaire… Je fais donc une halte – *putain…* – au supermarché et achète un poulet rôti, ça devrait faire l'affaire.

En remontant dans ma voiture, le bip de mon téléphone m'annonce un message.

> Pourquoi ? Tu es là ? <

Euh… Il a l'air hyper content…

> Eh oui ! Surprise ! <

J'attends quelques minutes avant de démarrer. Pas de réponse… Y a plus qu'à !

Je me gare devant chez lui, non sans stress, mais déterminée. J'ai bien l'intention de lui rappeler ce qui m'a séduit en lui et ce qu'il apprécie tant en moi. *Allez, Charlotte, sors tes atouts !*

39 - Grégoire

> Pourquoi ? Tu es là ? <

> Eh oui ! Surprise ! <

Putain ! Pourquoi maintenant ?

— Je te dérange peut-être ? me demande Nathalie.

— Oui… enfin, non. Excuse-moi, je vais avoir de la visite.

— Ah. J'imagine que ma présence n'est pas la bienvenue.

— Disons que tu en as assez fait, tu ne crois pas ?

— Je ne peux pas le nier en effet. Justement, je pourrais en profiter pour présenter mes excuses, non ?

— Plus tard, Nathalie, chaque chose en son temps. Je vais gérer à ma façon, insisté-je, autoritaire.

— Très bien. Bon, on va y aller. Je te ramène les enfants vendredi prochain, OK ?

Son calme, tout à fait nouveau, me déstabilise. Toutefois, pour Lola et Hugo, je me dois de lui laisser le bénéfice du doute, même si ce n'est pas de gaieté de cœur.

— Parfait.

Nathalie va prévenir les enfants de leur départ, quant à moi, je n'ai jamais croisé les doigts si fort. Pourvu que Charlotte ne la voie pas ! J'aimerais avoir le temps de tout lui expliquer avant la confrontation qui aura forcément lieu à un moment.

Je finis de préparer les sacs quand la sonnerie retentit. *Bordel, il fallait bien que ça arrive !*

À peine ai-je parcouru les quelques mètres qui me séparent de la porte d'entrée, que Lola a déjà ouvert.

— Coucou ! Oh, Lola, tu n'en finis pas de grandir ! salue-t-elle ma fille, enjouée.

Je reste un peu en retrait et imagine ma fille baisser la tête et rougir à cette évocation. Elle a du mal à se faire à sa taille. Elle est la plus grande de sa classe, certains ne se privent d'ailleurs pas de lui donner de « doux » surnoms.

— Salut, ouais, je sais…

Hugo arrive en trombes et se jette au cou de Charlotte. Nathalie devrait suivre d'ici peu, c'est donc le moment de me montrer. Je m'avance vers elle, et putain, comme je suis content de la voir ! Ses joues se teintent de rose sous mon regard tandis que ses yeux semblent m'implorer de venir encore plus près. Je ne résiste pas, la prends dans mes bras avant de l'embrasser à pleine bouche.

— Beuuurk ! grogne mon fils pour nous faire part de son dégoût.

On en reparlera dans une bonne dizaine d'années, p'tit gars.

Sa réaction a le mérite de faire rire Charlotte, et je me rends compte à quel point ce son m'avait manqué. Égoïstement, je profite de cet instant pour lui glisser à l'oreille :

— Je suis heureux que tu sois venue, vraiment, Cha.

Mais elle se tend en essayant de se soustraire à mon étreinte, je comprends que Nathalie a fait son entrée. Elle fait chier ! Elle aurait pu attendre un peu, merde ! Je retiens Charlotte, en caressant ses flancs entre les pans de son manteau et poursuis en chuchotant :

— Elle est simplement venue chercher les enfants pour la semaine, respire. Je t'en supplie, reste avec moi.

Puis j'ajoute, plus fort :

— Nathalie, je crois qu'il est l'heure de partir. Hugo, Lola, prenez vos affaires, maman voulait y aller rapidement.

— Je voulais juste… tente mon ex.

— Non ! Pas maintenant ! l'arrêté-je avec fermeté.

— Comme tu voudras. Je… euh… pardon, Charlotte, bafouille-t-elle tout de même.

Quelle chieuse ! Alors que je lui lance un regard noir, Charlotte me coupe.

— Laisse-la parler, Greg, je suis curieuse de l'entendre.

Sa posture change, tout à coup sûre d'elle, elle m'esquive pour faire face à Nathalie. Et cette Nathalie-là, fébrile, je ne l'ai vue qu'une fois, il y a dix jours, lorsqu'elle s'est pointée ici à sa sortie d'hôpital.

— Je vous écoute, lui dit Charlotte.

— J'ai beaucoup de choses à me faire pardonner. Je suis consciente qu'un simple « désolé » n'excuse pas tout, mais j'y tiens. Alors, pardon pour tout. Je ne sais pas quoi ajouter de plus, finit-elle en soutenant difficilement le regard de Charlotte.

— En effet, c'est loin de tout excuser. J'aurais, moi aussi, beaucoup à vous dire, mais sur ce coup-là, Greg a raison, pas maintenant, si vous voyez ce que je veux dire, conclut-elle en la toisant.

Je comprends qu'elle fait référence aux enfants et la remercie silencieusement de leur épargner ça. Ils ont suffisamment trinqué.

Sur ce duel au sommet, Nathalie et les enfants nous saluent avant de quitter la maison. Lola s'attarde en embrassant Charlotte. Il me semble déceler un chuchotement de la part de ma fille, mais je n'ai visiblement pas l'ouïe assez fine… Une fois la porte fermée, ma curiosité est trop grande, je demande à Charlotte :

— Que t'a dit Lola ?

— Que tu m'aimes, répond-elle troublée.

Je place mes mains sur ses hanches et la regarde amoureusement, car oui, ma fille est perspicace, je l'aime.

— Évidemment que je t'aime. Tu le sais, n'est-ce pas ?

— Figure-toi qu'avant de parler sentiment, j'attends des explications sur… tout ça, rétorque-t-elle en agitant la main vers l'entrée. J'ai la vilaine impression que tu m'as caché des choses volontairement en évitant mes appels ou en envoyant des messages brefs ces derniers jours.

— J'admets mon manque de communication sur le sujet, mais je t'ai trouvée tellement tendue à l'évocation de sa sortie d'hosto que je ne voulais pas en rajouter. De plus, la distance ne favorise pas ce genre de discussion. Je n'étais pas près de toi pour te rassurer.

— T'as raison, c'est vachement plus confortable de la trouver chez toi… dit-elle en se dégageant de mes bras.

Putain, je sens qu'elle va me faire ramer. *Encore*.

— Greg, on a déjà eu assez de merdes par ce « manque de communication ». Je pensais que toi aussi tu aurais retenu la leçon. Bien sûr, avoir un jardin secret est important, mais là, si tu fais des secrets autour de ton ex, ça va devenir compliqué. Concernant la distance, je peux comprendre que ça ne t'ait pas facilité la tâche, mais… ajoute-t-elle d'un ton plus calme.

— OK, je n'ai pas assuré sur ce coup-là. Allez, viens, on ne va pas rester ici pour en parler.

Débarrassée de son manteau, nous allons nous installer sur le canapé. Je ne résiste pas, je la bouffe du regard. Il faut dire que son jean moulant ses fesses à la perfection comme son pull couleur crème un peu trop décolleté me donnent bien d'autres envies que cette conversation. Cela dit, je prends sur moi – je lui dois bien –, je me lance.

Je ne lui passe aucun détail, même ceux dont elle a eu connaissance lors de nos échanges téléphoniques. Je reviens ainsi sur la déclaration de Nathalie au sujet de ma paternité relative, sur mon comportement durant la suite de ce week-end, et m'en excuse. Je lui expose toutes les émotions qui m'ont assailli les semaines suivantes. Du dégoût à la colère en passant par le doute incommensurable lié à cette remise en cause qui m'a poussé à éplucher tous les documents et albums photo de Lola et Hugo.

J'ai passé des heures à comparer leurs visages, leurs yeux, leurs cheveux, leurs mimiques, les clichés d'eux avec ceux de mon enfance. J'ai cru devenir dingue ! Putain, j'ai même pensé faire un test de paternité ! Et puis, quoi ? Qu'aurais-je fait si les résultats étaient revenus négatifs ? Jamais je n'aurais pu les abandonner ! Qui les a bercés, nourris et rassurés ? Qui vit auprès d'eux et s'en soucie chaque jour depuis presque trois mois ? Rien à ajouter, ce sont mes gosses, point !

Alors, en effet, durant ces semaines, Charlotte est passée au second plan. Trop centré sur mes états d'âme, je ne me suis pas préoccupé de ce qu'elle pouvait ressentir et n'ai pas provoqué plus de rencontres que les deux samedis vécus ensemble en deux mois. Pourtant, elle ne m'a jamais quitté pendant cette période. Sa voix, ses mots, son image – gravée dans mon esprit – ont suffi à me sortir la tête de l'eau, m'encourageant à voir plus loin que le bout de mon nez. Malgré cela, je l'ai négligée en ne partageant rien. Ni étalage de sentiments ni confidences sur les événements. J'ai joué au con sur ce coup-là. Je comprends qu'elle ait pu avoir des doutes quant au retour de Nathalie.

40 - Grégoire

Dix jours plus tôt

22 h. On frappe à la porte. Je vais ouvrir et me retrouve face à Nathalie qui arbore une expression que je ne lui connaissais pas. Après des salutations glaciales, je referme derrière elle, sans l'inviter à entrer davantage. Elle a bonne mine et semble avoir repris un peu de poids, mais son regard intrusif me ramène à la haine, à la colère qu'elle a fait naître en moi. « Qui te dit qu'ils sont de toi ? » Cette phrase résonne encore dans ma tête et fait pulser le sang qui irrigue mes tempes.

— Que fais-tu là ? demandé-je sèchement.

— Je suis sortie de l'hôpital cet après-midi et… je crois qu'il est temps de se parler, répond-elle timidement.

— Ah, elle est bonne celle-là ! Tu es prête maintenant ? Sache que je le suis depuis longtemps. J'espère que tu n'es pas pressée, car tu ne partiras pas d'ici sans avoir répondu à toutes mes questions !

— Je suis là pour ça. Pour te présenter mes excuses, m'avoue-t-elle sans oser me regarder.

Pff, ça lui va bien de jouer les timides… Quelle conne !

Je sens qu'il en faudrait peu pour me faire péter un câble.

— Arrête tes manières, ça ne te ressemble pas. Entre. On ne va pas rester dans l'entrée, je ne veux pas réveiller les enfants.

— Ils vont bien ?

— Ça t'intéresse maintenant ? Oui, ils vont bien.

S'ensuit un flot de questions trop longtemps contenues et des réponses pour chacune d'elles – pourquoi, comment, quoi, qui, où – tout y est passé.

C'est ainsi que j'ai appris le nombre d'amants, les raisons de ces agissements à l'encontre de Charlotte, ce qui l'a conduite à se faire hospitaliser et à évincer les enfants durant ce laps de temps, mais surtout elle a fini par admettre que son tacle méritait un carton rouge.

Au fond, je le savais, ils sont bien mes enfants, mais j'avais besoin qu'elle le dise. Elle a tellement joué avec mes nerfs ces derniers mois, il fallait que la vérité soit rétablie.

— Je n'ai jamais cherché à rendre les choses compliquées, je n'ai jamais cherché non plus à te blesser. Je crois qu'en faisant le mal, je me punissais moi-même. Aujourd'hui, j'ai compris beaucoup sur moi, sur les autres, et je mesure l'ampleur de mes actes. Je ne peux pas te dire que je regrette tout. Ce serait faux, mais j'en suis désolée, vraiment. Notamment au sujet de Charlotte. Je suis navrée, mais la voir avec toi cet été m'a été insupportable.

— C'est vrai que la jeter en pâture sur le Net était très fin pour exprimer ta frustration, lancé-je avec ironie.

— Je n'ai trouvé que ça sur le moment. J'étais jalouse. Je t'ai sincèrement aimé, Grégoire, mais peut-être pas de la bonne façon.

— Je t'ai aimée, sûrement pas de la bonne façon non plus, puisque ça n'a rien empêché. Mais je ne suis pas allé me jeter sur les femmes qui ont croisé nos chemins, là est toute la différence entre nous. Tu ne peux pas prétendre avoir des sentiments pour quelqu'un et te faire sauter par toute une caserne, putain ! Tu ne peux pas non plus me balancer des saloperies sous un prétexte de jalousie !

— Non, je sais. Je... j'étais perdue. Perdue dans le présent, inquiète pour le futur. Mon passé m'a détruite et j'ai fini par tout gâcher, se lamente-t-elle en pleurant.

Les larmes de crocodile, très peu pour moi ! Elle peut chialer, ça n'effacera pas les années de mensonges.

— Parlons-en du passé ! Ah non, c'est vrai. Là encore, il faut se taire ! Quand je pense au nombre d'années de vie commune et aux zones d'ombre qui subsistent, je me dis qu'on courait à notre perte. TU nous as fait courir à notre perte.

— C'est trop tôt pour t'en parler. Je ne peux pas. Un jour, je te le promets, je te dirai tout.

Je m'en fous. Elle peut bien garder ses secrets pour elle. Ils ne feraient probablement que rajouter une couche sur la merde qu'elle a laissée.

— Et les enfants, on peut en parler ? Et puis ravale tes larmes, ce serait plutôt à moi de pleurer. Enfin… si je n'avais pas tiré un trait sur nous. Le mal est fait.

Elle s'essuie les yeux du revers de la main, reprend un semblant de contenance tandis que je poursuis :

— Hugo est encore jeune et n'a pas eu l'air trop perturbé, mais Lola c'est autre chose. Notre fille grandit et elle n'est pas idiote.

— Je leur parlerai évidemment. Je leur dois des excuses à eux aussi. J'avais véritablement besoin de ce temps pour me reconstruire, ou commencer en tout cas. Ils m'ont beaucoup manqué et je compte bien me rattraper, je te l'assure.

La conversation s'est éternisée, mais apaisée aussi. Bien que ses pleurs m'aient profondément agacé, elle m'a paru sincère et son attitude plus posée, comme cette discussion honnête, m'a permis de lui accorder un semblant de pardon.

En revanche, elle n'a pas échappé à mes mots durs et à mon ressentiment. Il ne faut pas déconner non plus, j'ai été le dindon de la farce un peu trop longtemps pour effacer l'ardoise !

— Une dernière question, Nathalie.

— Oui, je t'écoute.

— Pourquoi tous ces hommes ? Pourquoi de cette façon, alors qu'avec moi tu étais… « froide » ?

— Je n'ai pas toutes les réponses. Cela dit, je crois qu'une partie de moi te voyait uniquement comme un homme rassurant, sécurisant et attentionné, un père en somme. Tout le contraire de ce que j'ai pu connaître avant. Tu as été mon pilier, mon réconfort et je suis désolée de ne pas avoir réussi à être la femme de ta vie. Quant aux hommes avec qui j'ai… ils n'étaient rien pour moi. Je les ai utilisés, avoue-t-elle en me regardant timidement.

— Utilisés ? Dans quel but ?

Je ne comprends pas le sens qu'elle y met.

— Je crois m'être toujours cachée derrière des jeux de séduction, du sexe pour voiler mon véritable « moi ». C'est tout ce que je peux t'en dire aujourd'hui.

J'ai bien saisi qu'elle n'en dira pas plus, et clairement, à l'heure qu'il est, est-ce vraiment nécessaire de creuser ?

Nous clôturons par l'essentiel : les enfants.

J'accepte finalement sa requête, reprendre notre garde alternée tout en mettant les points sur les i.

Plus de coups fourrés. Dans le cas contraire, je ferai appel au juge des affaires familiales pour obtenir la garde exclusive.

41 - Charlotte

— Voilà. Tu sais tout, Cha.

— Eh bien... Tu es soulagé ?

— Oui. Mais je reste sur mes gardes. Tout ça m'a donné l'impression de passer sous un rouleau compresseur, alors je ne veux pas me faire de fausse joie quant à son soudain repentir. J'espère juste qu'elle est sincère et que ses soins lui ont permis de faire un véritable travail sur elle.

— Je le souhaite aussi. Elle a l'air plus... moins... enfin, elle a l'air différente, je trouve. Pourvu que ça dure ! Trois mois d'hospitalisation, ce n'est pas rien tout de même. Ça ne peut pas être vain !

Bien qu'il semble à bout de souffle après toutes ces explications, il continue. À croire qu'il se libère de tout ce qui pèse sur ses épaules. Il aborde à présent cette distance géographique qui le « tue à petit feu » – pour reprendre ses termes – tout en reconnaissant mon soutien et ma compréhension. Plusieurs fois, je tente de le couper dans sa tirade, mais il ne m'en laisse pas l'opportunité et poursuit.

— Je savais, on savait, qu'habiter des villes différentes serait un vrai casse-tête, mais je n'avais pas imaginé que le besoin de t'avoir à mes côtés grandirait si vite.

— Alors, pourquoi ce silence depuis dix jours ? Tu aurais pu me faire part de tout ça. Moi aussi, l'éloignement me pèse, mais si tu fuis au lieu de parler...

— Moi, il commence à me consumer, si bien que j'ai probablement cherché à l'étouffer, pas à fuir. Je voudrais m'endormir et me réveiller près de toi, avoir d'autres projets que la planification d'un week-end. Je suis désolé pour mes silences, ils n'étaient pas la meilleure option, je le reconnais. Je t'aime, Cha, et l'espace que tu m'as laissé, et dont je me suis saisi, m'a ouvert les yeux sur mes envies profondes. Mes envies de foyer, de vie de couple, de famille. Mes envies de toi, tout le temps.

Oh, putain ! Vous sentez venir le truc ?

Moi, je le sens tellement fort que je me jette dans ses bras en lui disant que ses envies sont partagées. Je savoure son corps contre le mien, fourrage dans ses cheveux comme j'aime tant le faire et finis par écraser mes lèvres sur les siennes. Nos langues se mêlent à cette danse torride, tandis que nos mains s'activent, ne sachant plus quoi toucher tant nous aimerions être partout à la fois.

Et là, c'est le drame… Greg me repousse gentiment, se réinstalle pour me faire face. Il se passe les mains sur le visage alors que je crains le pire ! Ai-je mal interprété ses « envies » ?

— Putain, j'en peux plus ! J'en peux plus de me contenter d'appels ou de messages, d'attendre de trouver des concordances dans nos emplois du temps. Cha, je suis conscient que tu as ta vie, ton boulot et tes amis, mais…

— STOP ! Greg, je t'aime et je veux plus moi aussi. Si c'est de ça dont tu as peur, sache que jamais je ne te demanderai de déménager pour moi. Les enfants ont leurs habitudes ici et je sais que tu t'es sacrifié bon nombre de fois par le passé. Je vais trouver…

— NOUS ! Nous allons trouver une solution. Comme tu l'as dit, je me suis souvent sacrifié, et il est hors de question que je t'impose de faire de même.

— Alors, détends-toi, je ne le vis pas comme ça du tout. Un boulot, ça se déniche, mes amis ont des bagnoles, nous aussi, et ma vie… je ne la vois plus sans toi, le rassuré-je en faisant glisser mes doigts le long de sa mâchoire.

— Tu es parfaite, dit-il en se levant, dans mon lit, tu le seras encore plus. Assez discuté, on verra les détails plus tard, ajoute-t-il en me soulevant comme si je ne pesais rien.

Un petit cri m'échappe lorsqu'il me hisse sur son épaule et me gratifie d'une main aux fesses.

— Hum ! Ce jean te fait un cul de malade ! Mais il ne va pas rester là longtemps, me prévient-il.

— Ah, mais je te retourne le compliment, beau gosse ! m'amusé-je en lui claquant le fessier. Miam, j'en mangerais !

Depuis mon arrivée, je me retiens de lui sauter dessus et tente de garder la tête froide. Ce Levis noir… merde alors ! Il devrait être interdit par la loi tant il appelle à la luxure. Ajoutez à cela, son pull fin gris clair – porté à même cette peau devenue ma drogue – qui laisse deviner chacun de ses muscles et je perds toute notion de bienséance.

— Fais-toi plaisir, moi je ne vais pas me priver !

Hulk est de retour ! You ouh !

Il me repose sur mes pieds une fois dans sa chambre, prend mon visage en coupe, me regardant comme si j'étais la plus belle femme au monde. Je crois en avoir poussé un gémissement de bien-être et de satisfaction. Mes bras noués autour de son cou, je le contemple également. Ses lunettes encadrent des yeux clairs qui reflètent tout son désir, ses lèvres pleines – affichant un léger rictus – n'attendent que les miennes, sa barbe de quelques jours présage de délicieux picotements et ses mâchoires contractées m'annoncent une suite divinement bestiale.

Ses mains abordent leur descente avec une lenteur abominable. Je frémis à leur passage sur mon cou, puis c'est au tour de mes flancs de subir les frissons provoqués par leur contact, bien que mon vêtement freine les sensations. Ses pouces s'égarent au passage sur l'arrondi de mes seins juste avant de m'ôter mon pull avec frénésie. J'en hoquette de surprise tant il se joue de moi en variant le rythme de ses gestes. Il retire ses lunettes, me laissant croire que les choses sérieuses peuvent commencer, pourtant ses mouvements restent mesurés, contrôlés.

Ses prunelles arrimées aux miennes, mais toujours sans un mot, il s'agenouille et procède à l'identique. Greg caresse paresseusement mes fesses, mes hanches et mes cuisses. Quand je m'y attends le moins, il vient s'attaquer vivement au bouton de mon pantalon, me faisant resserrer la prise sur ses cheveux dans lesquels mes doigts se perdaient. Sa bouche trouve ma chaleur encore couverte par mon sous-vêtement, tandis que ses paumes malaxent mes deux globes avec ferveur.

En moins de temps qu'il n'en faut, il m'arrache ma culotte, me fait écarter les jambes pour mieux me dévorer. *Bordel, ce qu'il m'excite !* Comme il me l'avait promis, il ne se prive pas ! Il est partout. Sa langue agace mon clitoris déjà avide de jouissance, deux doigts pénètrent mon sexe et un autre s'aventure où nul autre que Greg n'a eu accès. Je suis sur un fil, partagée entre l'envie qu'il continue cette torture exquise et l'envie qu'il cesse pour que j'abuse du reste de son corps. Comme s'il avait perçu mon ambivalence, il décide pour moi.

Il me maintient fermement dans cette position – debout, cuisses ouvertes pour lui, avec mon soutif pour unique vêtement – et poursuit son exploration.

À bout de souffle et de plaisir, je me cramponne à ses larges épaules pour ne pas chuter, mais aussi pour le contraindre finalement à me donner ce que mon corps réclame. Un putain d'orgasme à faire pâlir tous les saints. Une telle jouissance que j'en crie tout mon soûl et m'échoue sur le sol.

— Tu as raison, Greg, je veux ça tous les jours, lui dis-je encore essoufflée.

Il sourit à ma bêtise et me serre tout contre lui.

— Oh oui ! Tous les jours. Mais je n'en ai pas fini pour aujourd'hui, conclut-il avant de m'embrasser tout en me libérant de mon soutien-gorge.

Je sais, vous auriez aimé connaître la suite, mais… je suis pudique, vous savez. *On y croit tous !* Non, sans blague, on a fait l'amour comme des bêtes. On pourrait appeler ça de la baise au vu de ses capacités à me tourner dans tous les sens et à me prendre avec vigueur. Cela dit, ses regards, ses caresses et ses mots au creux de mon oreille me font savoir tout l'amour, la considération et l'attention qu'il a pour moi malgré la puissance dont il use parfois lors de nos ébats. Il faut bien admettre que j'aime bien quand il me malmène un peu. Bon, ça y est, vous voilà satisfaits, on peut passer à la suite ?

Les enfants étant absents, on a passé la journée à poil, entre grignotage, douche et… câlins. À présent installés sur le tapis de son salon, l'ordi posé sur la table basse, nous parcourons les offres d'emplois du coin. Solliciter une mutation en cours d'année est impossible, alors je me fais une raison en regardant tout ce qui se présente. Évidemment, si je pouvais trouver un poste en rapport avec mes compétences et mes envies, ce serait un plus, cela dit, je ne vais pas faire la difficile dans un premier temps.

— Tu as déjà enseigné à des enfants en situation de handicap ? me demande Greg.

— Pas particulièrement. Après, j'ai connu certains gamins avec de grandes difficultés, donc j'imagine que je pourrais m'en sortir. Pourquoi ?

— Regarde. Il cherche un enseignant spécialisé en Institut médico-éducatif. Je sais bien que tu n'as pas ce statut, mais qui sait...

— Ça pourrait être sympa. Seulement, ça implique là encore une mutation, donc impossible avant la rentrée scolaire prochaine. Au suivant !

Nous avons beau y mettre toute notre bonne volonté, positive attitude, et tout ce que vous voulez, à part dans le soutien scolaire, rien d'alléchant. Je vais sûrement m'y résoudre en attendant autre chose. Et puis, allez savoir, j'y prendrais peut-être autant plaisir qu'à enseigner en classe.

— Bon, c'est décidé. Je vais démissionner et envoyer ma candidature à la boîte de soutien scolaire. Je ne vois que ça pour l'instant et il faut bien prendre une décision.

— Tu vas le regretter, j'en suis certain, dit-il en se frottant le visage.

— Mais non ! Ce que je regretterais c'est de ne rien tenter, rétorqué-je pleine d'enthousiasme.

C'est vrai, quoi, les réveils tendres et les couchés enflammés, les dîners animés, je nous y vois déjà !

Mais au fil des heures, des mises en garde de Greg et de mon euphorie retombée, je réalise la bêtise que serait une démission. Une disponibilité ? Compliqué aussi... Pff ! On n'est pas sorti de l'auberge...

— Si on se pacsait ? me lance-t-il soudainement.

Épilogue

27 juillet 2019

Comme chaque année, le grand jour est arrivé. La valise est bouclée : crème solaire, maillot de bain, jupes et autres robes ; le coffre est plein, l'appareil photo chargé, bref je suis prête pour MES vacances !

À moi la piscine, la rivière, les vieilles pierres, la grenadine en terrasse et...

— Tes vacances ? NOS vacances ! Tu oublies les bermudas et les t-shirts dans NOTRE valise.

— Détends-toi, beau gosse, et dis bonjour à nos amis lecteurs, c'était juste un clin d'œil au premier chapitre. Bien sûr que ce sont NOS bagages, NOTRE séjour. On ne va pas se prendre la tête à l'heure du départ, si ?

— Non, mais... Pourquoi la grenadine ? C'est la boisson la plus improbable que je connaisse pour trinquer en vacances !

— Disons que l'été dernier, j'ai un peu abusé du rosé. Et vois-tu, je n'ai pas envie de réitérer la scène de la balançoire.

— Oh, la vache ! Qu'est-ce que tu m'as fait rire ! Et... bander aussi.

Vous le voyez venir ? Jeu de sourcils, regard de braise et main remontant discrètement le long de ma cuisse alors qu'il devrait démarrer la voiture.

— Ouais, mais range la bête, on n'a pas le temps là.

— Ce jour-là, je t'ai imaginée alanguie dans mon lit. Que veux-tu, ce souvenir m'émoustille encore plus maintenant que je connais ton corps sur le bout des doigts.

— Tu es incorrigible. Allez, en route !

Vous l'avez probablement compris, nous avons décidé de repartir sur les lieux du « crime ». Cette fois-ci, Nathalie ne sera pas dans nos pattes puisqu'elle a les enfants et que le trip « vacances avec l'ex » c'était du déjà-vu, déjà vécu. Bien que nous ayons pu rediscuter toutes les deux ces derniers mois, elle ne deviendra jamais une amie. Elle reste l'ex, celle qui m'en a fait voir de toutes les couleurs et dont je me méfie toujours, celle qui voulait récupérer Greg à tout prix. Ce chapitre semble clos, puisqu'elle a fini par me sortir cette phrase énigmatique – du Nathalie tout craché – « il est tout à toi, je me suis menti trop longtemps ».

Bref, cette année, on profite, on ne se cache plus, et on a proposé à mes morues de venir avec nous. Ouais, exit la Bretagne, Flora a cédé et accepté de se joindre à nous avec sa tribu. Quant à Adeline, je n'avais pas fini mon argumentaire que les bagages familiaux étaient déjà prêts. Bon, OK, j'exagère un peu, mais juste un peu. Alors voilà, vacances entre potes, soleil et farniente bien mérités après cette année marathon ! Bah oui, il faut que je vous raconte !

— Tu ne leur as pas déjà tout dit ?

— Non, j'ai voulu maintenir le suspens, mais tu vois, j'y viens.

Vous vous souvenez le binz pour mon boulot et la fameuse demande de pacs ? Il m'a sciée avec ça !

— Rassure-toi, on l'a tous compris ! Si tu avais vu ta tête !

— Arf, c'est bon, t'as fini ?

Donc, ouiiii, il m'a sciée et j'avais une drôle de tronche suite à cette proposition. Forcément, on n'avait jamais abordé le sujet, on sortait juste d'une pseudo-crise post-Nathalie, *encore*, ça faisait beaucoup pour moi. Alors, quand je suis sortie de ma léthargie et lui ai demandé bêtement « pourquoi ? », il a trouvé les mots justes, comme d'hab – « D'une, parce que je t'aime et que je m'engage par cette demande. De deux, ça faciliterait sûrement tes démarches. Imagine, tu pourrais probablement demander une mutation avec ce nouveau statut.

Et de trois, en dehors de cette facilité, ça nous ressemble, je trouve. Depuis que nous nous sommes rencontrés, on avance au feeling, alors pourquoi ne pas continuer sur notre lancée ? » – je n'ai pas pu dire non !

— Euh... Cha, dit comme ça, on pourrait penser que l'envie n'y était pas. Je ne t'ai pas mis le couteau sous la gorge non plus ! s'offusque-t-il.

— Bien sûr que non ! J'avais peur que tu proposes ça sur un coup de tête, donc ce que j'essaie de dire c'est que tes paroles ont suffi à me rassurer. De toute façon, on ne pouvait pas continuer à se voir un week-end par-ci par-là. Allez, roule, on va finir par arriver les derniers !

Bon, j'en étais où ? Ah oui, le pacs. Donc j'ai accepté, effectué toutes les démarches pour accéder à une mutation, croyez-moi, ça n'a pas été simple ! Je vous passe les détails administratifs, mais après négociations et au vu des circonstances, on m'a finalement accordé une disponibilité de six mois durant laquelle j'ai bossé dans une boîte proposant du soutien scolaire.

À présent, je me prépare à retrouver mon job initial – professeur des écoles – dans un établissement près de Fontenay-le-Comte. Je suis ravie ! Mes nouveaux collègues le seront peut-être moins, mais ils s'en remettront.

— Pourquoi dis-tu cela ? Tu vas assurer.

— Oh, t'es chou !

Depuis le mois de janvier, je vis donc dans l'appartement de Greg, qui petit à petit devient « chez nous » – *j'adore !* – avec les enfants une semaine sur deux, pour qui tout se passe on ne peut mieux. *Ouf !* Je craignais que le retour de leur mère combiné à mon arrivée dans leur quotidien ne les perturbent. Je crois qu'au fond, nous, adultes, nous faisons une montagne de beaucoup, tandis que les enfants s'adaptent plutôt bien. Je précise aussi que nous avons tout de même pris le temps de leur clarifier la situation avant que je m'installe. Je me voyais mal arriver avec mes affaires en criant « Tadam ! Me voilà ! »

Finalement, ils ont eu l'air rassurés, d'autant qu'ils commençaient à questionner plus précisément leur père quant à notre relation. Aussi, Lola m'a confié qu'elle trouvait son papa plus disponible depuis que je vis avec eux. Quand je l'ai interrogée du regard, la réponse est sortie spontanément : « Logique, Charlotte, il a lâché son téléphone puisque t'es là ». Eh oui, « logique ». N'oublions pas que les enfants sont doués d'un fin sens de l'observation.

J'entends d'ici les rouages de vos cerveaux. Alors, oui, nous avons sûrement fait les choses un peu rapidement et sans se conformer aux codes, mais je m'en fous. Moi, Charlotte, méfiante et peu sûre de moi, j'ai enfin trouvé mon évidence. Je suis ainsi comblée par cette nouvelle vie autant que par mes nuits endiablées dans les bras vigoureux de mon homme.

En gros, je vis un rêve, mon rêve, aux côtés de celui que je n'attendais plus.

— Oh, merde ! Arrête ça ou je m'arrête sur le bas-côté !

Qu'est-ce que je disais déjà ? « Vigoureux » !

— Promis, tu pourras me faire tout ce que tu veux dans le chalet. Y a sûrement des trucs qu'on n'a pas eu le temps de tester l'année dernière.

— Arrête, bordel ! Tu crois que c'est facile de conduire avec une trique pareille ?

— Oh, on se calme ! Il t'en faut peu quand même !

— Dit-elle avec la jupe remontée bien trop haut tout en parlant de « nuits endiablées ». T'abuses, Cha !

— Tout de suite les grands mots ! Je peux faire quelque chose pour faire retomber la pression ? proposé-je avec un brin de malice.

— Oui, en effet, tu pourrais déplacer un peu ta main ou ouvrir la bouche, mais ce serait vraiment trop dangereux, tu vois.

Le voilà qui s'énerve ! Il est encore plus sexy quand il est un peu en colère, je le mangerais ! Miam ! J'ai bien une idée pour calmer ses ardeurs, mais je ne suis pas certaine que ce soit plus sécurisant que déplacer ma main… Comme la sienne qui remonte le long de ma cuisse. Putain, il a raison, va falloir faire une pause, là, ça urge !

— Alors, tu comprends mieux ? Tu pourrais te concentrer sur la route avec une culotte aussi trempée ?

— T'es chiant, Greg ! On va vraiment finir par être à la bourre !

— Tu me provoques depuis tout à l'heure, c'est ta faute !

— Attends, je vais mettre une bonne vieille musique de daube, ça va nous remettre les idées en place.

— C'est ça, ouais, et tu vas danser sur ton siège en remuant les seins. Sûr que ça va me détendre !

— Sors là, y a une aire de repos. De toute façon, faut que j'aille aux toilettes.

— Encore ?

— Oh, j'y peux rien ! Pas plus gros qu'une cacahuète ton bébé joue déjà avec ma vessie !

Crissements de pneus, arrêt sur image…

— Tu as bien dit « ton bébé » ?

Oups ! Je ne voulais pas lui annoncer comme ça, je me l'étais pourtant promis… Mais vous me connaissez, moi et les promesses…

Fin

Remerciements

JE L'AI FAIT !

Si on m'avait dit il y a un an, qu'aujourd'hui je devais rédiger des remerciements à glisser en fin de mon roman, je crois que j'aurais ri à m'en décrocher la mâchoire. En démarrant l'histoire de Charlotte et Grégoire, sur un coup de folie probablement, je me souviens très bien m'être dit « si tu arrives à pondre une nouvelle, ce sera pas mal ». Je vous laisse donc imaginer ce que j'ai pu ressentir à chaque ligne, chaque idée, chaque chapitre supplémentaire.

Avant de passer au moment de gratitude, je tenais à vous dire BRAVO ! Oui, bravo à vous, lecteurs, d'avoir tenu bon, d'avoir persévéré dans votre lecture malgré les... beaucoup trop nombreuses grossièretés (oups...). Si vous en êtes à cette page, c'est que vous m'avez lue, peut-être même avez-vous aimé ce que vous avez découvert. Sachez que j'en suis comblée !

***

Cela vous semblera sûrement farfelu, mais après tout ce sont MES remerciements, je fais ce que je veux. J'ai envie de remercier en premier lieu tous ceux qui ont pu rire (en cachette évidemment) de ce projet, tous ceux qui dénigrent la romance en général classant nos lectures et écrits dans la catégorie « sous-merde » de la littérature. Je leur rappellerai seulement que de tout temps, les histoires d'amour ont eu leur place, et ce, même dans les plus grands classiques littéraires. Pourquoi ? Tout simplement parce que l'amour (de fait, la sexualité aussi) fait partie de la vie, comme tout autre sentiment. Je sais pertinemment qu'ils ne liront même pas le titre de ce roman, alors ces quelques lignes... Cela dit, elles me permettent de rectifier un point sur lequel on me questionne régulièrement. NON, je n'ai pas choisi d'écrire sous un pseudo par honte, mais par pudeur. Quelque part, il s'agit aussi d'un clin d'œil à mes débuts dans « l'écriture », à mes avis livresques rédigés sur ma page et mon blog Osez-lire, dont l'anagramme est... Je vous le donne en mille : Élise Roz. C'est aussi un moyen de préserver la bulle dans laquelle je me plais à me glisser quand je lis, quand j'écris.

Ce qui m'amène à remercier les auteurs qui me tiennent compagnie chaque soir une fois le calme venu. Les auteurs qui me permettent de m'évader par leurs mots et leurs plumes affûtées.

Les auteurs qui m'ont donné envie de formuler les émotions qu'ils me transmettent, pour finalement me lancer le défi d'écrire pour moi, pour vous. Sans prétention aucune, oh ça non ! C'est un peu grâce à eux que je suis là aujourd'hui. Ena, Emma, Chlore, Margot, Lou, Farah, Ludi, Ewa, Lindsey, Alexia, Angel, Léon, Nelly, Avril, Oly, Natacha, Luna, Anna, Juliette, Chrys. Je ne peux pas tous les nommer, mais MERCI !

La transition est donc toute trouvée. Il va sans dire que je remercie MEC et ses drôles de dames, notamment Marie, mon éditrice. Merci d'avoir cru en Charlotte et Grégoire, en moi (même si, moi, je n'y crois pas encore). Je pense que j'ai dû regarder ce mail au moins 3 fois avant de prendre conscience que ***Promis... je ne craquerai pas !*** allait sortir de mon ordinateur. Merci également à mes copines/collègues, toujours présentes et bienveillantes : Thalie, Hezekielle, Julie, Mady, Camille.

Non, Sandrine, Anne, Élodie, Isabelle et Roxanne, je ne vous oublie pas ! Vous avez été des bêtas de choc, de vrais boosters d'inventivité comme d'envie. Merci pour vos avis éclairés, et encouragements. Je ne vous oublie pas non plus, lectrices Wattpad. Vous avez participé à ma motivation, renforcé ce désir d'aller plus loin. C'est d'ailleurs par ce biais que j'ai pu échanger avec toi, Loraline. Tu n'en as peut-être pas conscience, mais sans toi je n'aurais jamais avancé de la même manière. Tes conseils, tes critiques constructives comme tes coups de pied aux fesses m'ont apporté bien plus que tu ne le penses. MERCI. Mes loulous ont coutume de dire qu'il faut garder le meilleur pour la fin. Ce « meilleur » c'est EUX : mes trois enfants, mon mari, ma famille et mes ami(e)s que je chéris autant qu'ils me supportent, mon port d'attache, mon garde-fou. Merci pour votre soutien sans failles, votre confiance en moi lorsque j'en manque. Merci d'être vous tout simplement. Je vous aime.

J'adresse un petit message particulier à Aurore et Floriane, dont les initiales vous rappelleront sûrement celles de certains personnages. Merci d'être toujours là, mes folasses, mes vieux culs, mes jeunes poulpes, mes morues (désolée, Charlotte a de qui tenir question vocabulaire. Oups).

PS : Une petite ola pour ces voisins de vacances qui, sans le savoir, ont fait naître cette belle histoire. Un dernier conseil, si vous ne savez pas où partir cet été, laissez-vous tenter par le village vacances des Combes Chaudes. Surprise ! Cette résidence existe vraiment.

PS2 : Si besoin est de le préciser, dans cette laverie, je n'y ai fait que ma lessive. Lol.

Je viens peut-être de casser un mythe, alors désolée de vous le dire, les auteurs ne vivent pas tout ce qu'ils écrivent dans leurs romans.

PS3 : Non, papa, ce n'est pas ***Le Viking au bracelet d'argent*** de Paul-Jacques Bonzon qui m'a donné le goût des mots. Tu pourras tout de même noter que cette lecture reste gravée.

Merci de m'avoir lue et de faire vivre cette histoire.